든든한 우리 가족 국어 선생님

한국인도 잘 모르는
우리말
대탐험

임용웅 엮음

도서
출판 예가

든든한 우리 가족 국어 선생님

한국인도 잘 모르는 우리말 대탐험

1판 1쇄 발행 ｜ 2014년 3월 5일
1판 2쇄 발행 ｜ 2014년 4월 10일

엮은이 ｜ 임용웅　**펴낸이** ｜ 윤다시　**펴낸곳** ｜ 도서출판 예가
주소 ｜ 서울시 영등포구 영신로 45길 2　**전화** ｜ 02)2633-5462　**팩스** ｜ 02)2633-5463
이메일 ｜ yegabook@hanmail.net　**블로그** ｜ http://blog.daum.net/yegabook
등록번호 ｜ 제 8-216호

ISBN ｜ 978-89-7567-564-5　13700

차 례

이책의 특징

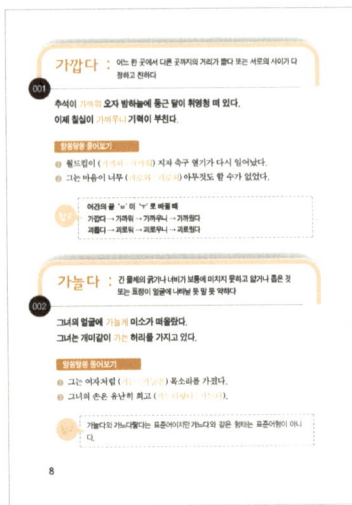

❶ 틀리기 쉬운 낱말

언어 습관에서 비롯된 오류들로 인해 잘못 사용하고 있는 단어들은 없는지 한번 생각해 보고 바른 우리말을 사용하도록 노력해보자. 일반 대화와 글, 인터넷 또는 면접시험 등에서 정확하고 바른 단어를 사용하여 자신의 한글 수준을 한 단계 업그레이드시키자!

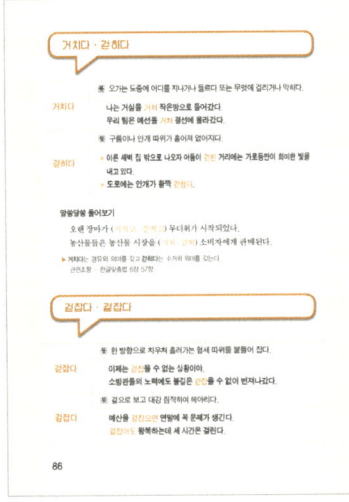

❷ 혼동하기 쉬운 낱말

비슷하지만 서로 쓰임이 다른 낱말들이 주변에 많이 있다. 뜻의 차이가 있음에도 극명하게 틀린지도 모르고 사용하고 있는 단어가 있을 것이다. 전달하고자 하는 내용의 오류, 잘못된 언어의 습득 등을 한 번의 정검으로 쉽게 바로잡아 보자. 아름다운 우리말 한글을 바르고 올바르게 사용하는 것 또한 매우 중요한 일이다.

❸❹ 순우리말과 외래어 낱말

예부터 내려오는 순우리말에는 어떤 것들이 있는지 알아보고 일상생활에서 한번 사용해 보자. 뭔가 자신감이 생기는 자신을 발견할 것이다. 또한, 외래어의 바른 표기를 알아두어 언제나 바른 언어를 사용한다는 자부심을 느껴보자!

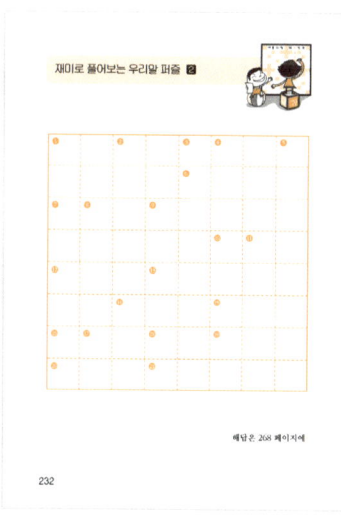

❺ 우리말 낱말 퍼즐

지금까지의 내용이 약간 지루했다면 재미있는 퍼즐로 머리를 식혀 보자!
앞 뒤 한글 퍼즐을 맞춰 나가다 보면 나도 모르게 몰라보게 늘어난 어휘 실력을 느낄 수 있다.
아이부터 어른까지 머리를 맞대고 함께 풀어보자.

PART 1

우리가 잘 모르고 쓰는
틀리기 쉬운 낱말

해답은 78페이지에 있습니다

가깝다 : 어느 한 곳에서 다른 곳까지의 거리가 짧다 또는 서로의 사이가 다정하고 친함

001

추석이 가까워 오자 밤하늘에 둥근 달이 휘영청 떠 있다.

이제 칠십이 가까우니 기력이 부친다.

알쏭달쏭 풀어보기

❶ 월드컵이 (가까와 / 가까워) 지자 축구 열기가 다시 일어났다.

❷ 그는 마음이 너무 (괴로와 / 괴로워) 아무것도 할 수가 없었다.

> **참고**
>
> 어간의 끝 'ㅂ'이 'ㅜ'로 바뀔 때
> 가깝다 → 가까워 → 가까우니 → 가까웠다
> 괴롭다 → 괴로워 → 괴로우니 → 괴로웠다

가늘다 : 긴 물체의 굵기나 너비가 보통에 미치지 못하고 얇거나 좁은 것 또는 표정이 얼굴에 나타날 듯 말 듯 약함

002

그녀의 얼굴에 가늘게 미소가 떠올랐다.

그녀는 개미같이 가는 허리를 가지고 있다.

알쏭달쏭 풀어보기

❶ 그는 여자처럼 (가는 / 가늘은) 목소리를 가졌다.

❷ 그녀의 손은 유난히 희고 (가느다랗다 / 가느다).

> **참고**
>
> 가늘다와 가느다랗다는 표준어이지만 가느다와 같은 형태는 표준어형이 아니다.

가당찮다 : 도무지 사리에 맞지 않음

003

그는 약속 시간에 늦게 와서는 가당찮게 변명만 늘어놓았다.

수백만 명의 국민이 굶주리고 있는데 사치품 수입을 허락한다는 것은
가당찮은 짓이다.

알쏭달쏭 풀어보기

① 그들의 요구는 너무 (가당찮아서 / 가당찮아서) 논의할 가치가 없다.
② 애완동물을 키우는데 (적찮은 / 적잖은) 비용이 들어간다.

> **참고**
> 「–치 않–」, 「–지 않–」이 한 개 음절로 줄어드는 경우 모두 **찮, 잖**으로 적는다.
> 예 가당치 않다 → 가당찮다 / 적지 않다 → 적잖다

가동률 : 생산 설비가 가동할 수 있는 최대 시간과 실지로 가동한 시간의 비율

004

경기가 회복되어 재고를 처리하고 공장 가동률을 높일 것이다.

세계적인 불경기로 자동차 제조업 가동률이 50%대로 떨어졌다.

알쏭달쏭 풀어보기

① 원자력발전소 (가동률 / 가동율)이 70% 내외인 것으로 알려졌다.
② (백분률 / 백분율)로 계산해봐.

> **참고**
> • 두음 법칙에서 단어의 첫머리 이외의 경우 본음대로 적는다.
> • 단, 모음이나 'ㄴ' 받침 뒤에 이어지는 '렬, 률'은 '열, 율'로 적는다.

가득히 : 분량이나 수효 따위가 어떤 범위나 한도에 꽉 찬 모양

005

긴 장마 때문에 논마다 물이 가득히 찼다.
방금 전철이 도착했는지 에스컬레이터에는 사람들이 가득히 올라오고 있었다.

알쏭달쏭 풀어보기

❶ 그녀의 눈에 눈물이 (가득히 / 가득이) 고여 있었다.
❷ 너는 왜 (번번이 / 번번히) 약속 시간을 어기니?

참고 → 솔직히, 가만히, 간편히, 무단히, 분명히 등
일일이, 집집이, 틈틈이, 깨끗이, 가까이 등

가랑이 : 하나의 몸에서 끝이 갈라져 두 갈래로 벌어진 부분

006

뱁새가 황새를 따라가면 가랑이가 찢어진다.
옛날 중국의 한신은 시장 잡배들의 가랑이 사이를 기어갔다고 한다.

알쏭달쏭 풀어보기

❶ (가랭이 / 가랑이)가 넓은 바지가 편하다.
❷ (아지랭이 / 아지랑이)가 피어오르는
것을 보니 봄이구나!

가로지르다 : 어떤 곳을 가로 등의 방향으로 질러서 지남

007

한강은 서울 한복판을 가로지른 우리나라의 대표적인 강이다.

영수는 선생님을 피해 운동장을 가로질러 뛰어갔다.

알쏭달쏭 풀어보기

❶ 나는 쏜살같이 마당을 (가로질러 / 가로지러) 우편함으로 갔다.

❷ 햇빛이 (가로질린 / 가로지린) 산책로에 다른 사람은 없었다.

참고 피동사 가로질리다

가르다 : 쪼개거나 나누어 따로따로 되게 하다 또는 승부나 등수 따위를 서로 겨루어 정함

008

어머니는 수박을 갈라 동생과 나에게 주셨다.

승부를 가르는 멋진 골이다.

알쏭달쏭 풀어보기

❶ 선생님은 우리를 백팀과 청팀으로 (갈르다 / 가르다).

❷ 드디어 정상에 (오르다 / 올르다).

참고 끝 음절 '르'에 어미 '-아'가 붙으면 '-라'로 바뀌어 불규칙 활용을 한다.
• 가르다 → 갈라 → 갈랐다 • 오르다 → 올라 → 올랐다
관련조항 – 한글맞춤법 4장 2절 18항 9

11

가슴앓이 : 안타까워 마음속으로만 애달파하는 일 또는 가슴쓰림

009

어머니는 가슴앓이 증세가 심해 약을 먹고 계신다.

그는 헤어진 그녀가 보고 싶어 가슴앓이 중이다.

알쏭달쏭 풀어보기

❶ 그는 말도 못하고 혼자서 (가슴앓이하다 / 가슴아리하다).

❷ (젖먹이 / 젓먹이)를 떼어놓고 나가려니 마음이 무겁다.

> **참고**
> 명사와 동사 어간에 결합한 '-이'는 사물이나 사람, 일의 뜻을 더한다.
> 재떨이, 옷걸이, 목걸이, 때밀이 등

가엾다 / 가엽다 (복수 표준어) :

마음이 아픈 만큼 딱하고 불쌍함

010

사고로 부모를 모두 잃은 가엾은 아이다.

등록금을 내지 못한 철수의 사정이 딱하고 가엽다.

알쏭달쏭 풀어보기

❶ 돗자리의 올이 굵고 (성글게 / 성기게) 짜다.

❷ (버들개지 / 버들강아지)가 바람에 흔들리다.

> **참고**
> 가엾다, 가엽다는 모두 널리 쓰이므로
> 둘 다 표준어로 삼는다.

가운데 :

한쪽으로 치우치지 않고 양 끝에서 거의 같은 거리가 떨어져 있는 부분 또는 일정 범위 안

많은 꽃들 가운데 내가 제일 좋아 하는 꽃은 백합이다.

빵의 가운데를 잘라 동생과 나눠 먹었다.

알쏭달쏭 풀어보기

❶ 경찰은 도로 (가운데 / 가운대)를 막고 범인 검거에 나서다.

❷ 휴일인데도 마땅히 갈 (데 / 대)가 없다.

> **참고** 의존 명사 '데'는 앞말과 띄어 쓴다.

가으내 :

가을 동안 내내

올해는 가으내 비가 계속 내려 곡식이 여물지 않는다.

단풍과 낙엽이 어우러진 도심 속의 축제가 가으내 열렸다.

알쏭달쏭 풀어보기

❶ 긴 장마로 (가으내 / 가을내) 폭등했던 채소 값이 안정세를 보이고 있다.

❷ 어머니는 (바느질 / 바늘질) 솜씨가 좋다.

> **참고** 합성어나 접미사가 붙은 파생어에서 앞 단어의 'ㄹ' 받침이 발음되지 않는 것은 발음되지 않는 형태로 적는다.
> 관련조항 - 한글맞춤법 4장 4절 28항

가을걷이 : 가을에 익은 곡식을 거두어들이는 일

013

가을걷이가 끝난 들판은 텅 비어 있었다.
아버지는 가을걷이로 눈코 뜰 새 없이 바빴다.

알쏭달쏭 풀어보기

❶ (가을거지 / 가을걷이)가 끝난 들판에
서리가 내리기 시작했다.

❷ 많은 사람들이 (해도지 / 해돋이)를 보기 위해
동해안으로 몰려들었다.

간판장이 : 간판을 그리거나 만들어 파는 일을 하는 사람을 낮잡아 이르는 말

014

간판장이는 건물을 쳐다보며 간판 달 곳을 가늠한다.
요즘은 간판장이들도 컴퓨터로 작업을 한다.

알쏭달쏭 풀어보기

❶ 할아버지는 종로 극장의 (간판장이 / 간판쟁이)로 자부심이 대단하셨다.
❷ 동생은 서울서 취직을 하더니 (멋쟁이 / 멋장이)가 다 됐다.

> **참고**
> 기술자에게는 옹기장이, 미장이 처럼 '–장이'가 붙고
> 사람의 성질이나 특성을 나타낼 때는 겁쟁이, 고집쟁이 처럼 '–쟁이'가 붙는다.

갑자기 : 미처 생각할 겨를도 없이 급히

015

비가 오고 나더니 갑자기 날씨가 추워지기 시작했다.
어린 아이가 갑자기 차도로 뛰어 들었다.

알쏭달쏭 풀어보기

❶ 교실이 조용하다가 (갑자기 / 갑짜기) 시끄러워졌다.
❷ 나는 어릴 적에 (딱지 / 딱찌)와 구슬치기에 열중해 있었다.

> **참고**
> 'ㄱ, ㅂ' 받침 뒤에서 나는 된소리는 같은 음절이나 비슷한 음절이 겹쳐 나는
> 경우가 아니면 된소리로 적지 아니한다.
> 관련조항 – 한글맞춤법 3장 1절 5항

같다 : 다른 것과 비교하여 그것과 다르지 않다 또는 그런 부류에 속함

016

친구들이 내 얘기를 몰래 하는 것 같아 기분이 나빴습니다.
민지와 나는 아버지가 같은 직장에 다니셔서 더 친한 것 같아요.

알쏭달쏭 풀어보기

❶ 그들은 어려서부터 친구라서 각별한 것 (같아 / 같애).
❷ 그는 친구와 같이 유럽 여행을 떠나기 위해 (새벽 같이 / 새벽같이) 일
어나다.

> **참고**
> 같다는 형용사로 앞말과 띄어 쓴다. 같이는 부사일 경우 앞말과 띄어 쓰고, 조사
> 일 경우 앞말에 붙여 쓴다.

017

개울녘 : 개울의 곁이나 가까운 곳

개울녘에서 아이들은 벌거벗은 채 놀고 있다.

여인네들이 개울녘에서 다 빤 빨래를 자갈 위에 널고 있다.

알쏭달쏭 풀어보기

❶ (개울녘 / 개울녁)에는 버들개지가 보드랍게 피어났다.

❷ 나는 (새벽 / 새벅) 두 시가 다 되어서야 잠이 들었다.

> **참고** '녘'은 방향과 지역을 가리키는(동녘, 북녘)과 어떤 때의 무렵을 나타내는(해 뜰 녘 , 아침 녘)의 두 가지 뜻으로 쓰며, 그 외의 경우는 '녁'을 쓴다(저녁ㆍ과녁).
> 관련조항 – 표준어 규정 2장 1절 3항

018

걔 : '그 아이'의 준말

걔도 너처럼 국어 성적이 좋으니?

네가 자꾸 좋지 않은 장난을 치니까 걔가 화를 낼 만도 하지.

알쏭달쏭 풀어보기

❶ (개 / 걔)는 이다음에 커서 건축가가 되는 것이 꿈이래요.

❷ 교복을 입은 (쟤는 / 재는) 누구니?

> **참고** (그 애 → 걔) 그 애는 → 걔는 → 걘 / 그 애를 → 걔를 → 걜
> (이 애 → 얘) 이 애는 → 얘는 → 얜 / 이 애를 → 얘를 → 얠
> (저 애 → 쟤) 저 애는 → 쟤는 → 쟨 / 저 애를 → 쟤를 → 쟬

019

거슬리다 : 순순히 받아들여지지 않고 언짢은 느낌이 들다

그녀는 무엇이 비위에 거슬렸던지 속이 메슥거렸다.
좋은 충고는 귀에 거슬리기 마련이다.

❶ 그녀는 자신의 귀에 (거슬리는 / 기슬르는)
   말을 들으면 가슴이 뛰었다.
❷ 그의 말이 귀에 (거슬렸다 / 거스렀다).

020

건널목 : 철로와 도로가 엇갈리는 곳이나 길 따위에서 사람이 건널 수 있도록 만들어 놓은 곳

파란 신호가 들어오자 사람들이 건널목을 건너기 시작했다.
건널목을 무단으로 횡단하는 것은 위험한 행동이다.

❶ (건늘목 / 건널목)을 건널 때에는 주위를 잘 살펴보아야 한다.
❷ (나드목 / 나들목) 부근에 사고가 발생했다.

참고 　건널목은 건너다의 건널과 목(길을 이루는 좁은 곳)이 합쳐진 합성어이다.

건더기 : 국이나 찌개 따위의 음식 속에 들어 있는 국물 이외의 것

021

건더기를 먹은 놈이나 국물 먹은 놈이나 배고픈 것은 마찬가지다.
그는 설렁탕 국물보다 **건더기**가 많아서 그 식당에 자주 간다.

알쏭달쏭 풀어보기

❶ 할아버지는 (건데기 / 건더기)를 먼저 드셨다.
❷ 엉뚱한 사람에게 (덤테기 / 덤터기)를 씌우지 마라.

> **참고** 덤터기는 남에게 넘겨받은 허물이나 걱정거리를 뜻한다.

거르다 : 차례대로 나아가다가 중간에 어느 순서나 자리를 빼고 넘김

022

어머니는 하루도 **거르지** 않고 가계부를 적고 계신다.
형은 아무리 늦게 일어나도 아침밥을 **거르는** 법이 없었다.

알쏭달쏭 풀어보기

❶ 그는 집안 형편이 좋지 않아 끼니를
(걸르는 / 거르는) 일이 많았다.
❷ 커피머신에서 원두 찌꺼기를 (걸르 / 걸러) 내다.

게으르다 : 행동이 느리고 움직이거나 일하기를 싫어하는 성미나 버릇이 있음

023

나태하고 게으른 사람이 성공할 수는 없을 것이다.
막내인 그녀의 생활은 게으르고 무질서했다.

알쏭달쏭 풀어보기

❶ (게을른 / 게으른) 사람에게는 좋은
   기회가 절대 찾아오지 않는다.
❷ 그는 밥 먹는 것도 귀찮아할 만큼
   (게으르다 / 게흐르다).

겨우내 : 겨울 동안 계속해서

024

날이 풀리면서 겨우내 꽁꽁 얼었던 땅이 질퍽질퍽 녹기 시작하였다.
누나는 날씨가 춥다고 겨우내 집 밖으로 나갈 생각을 하지 않았다.

알쏭달쏭 풀어보기

❶ 아직도 시골은 김치가 (겨우내 / 겨울내) 먹을 양식의 일부가 된다고 한다.
❷ 월간지를 (다달이 / 달달이) 구독하다. .

참고 겨우내는 겨울과 내가 결합한 것이나 겨우내로 소리 나므로 겨우내로 적는다.
관련조항 – 한글맞춤법 4장 4절 28항

고갯마루 : 고개에서 가장 높은 자리

025

고갯마루에 올라서자 멀리 고향 마을이 보였다.
마을 사람들은 고갯마루에 있는 서낭당에서 푸닥거리를 벌였다.

알쏭달쏭 풀어보기

❶ 오후가 되어서야 전망이 탁 트인 (고개마루 / 고갯마루)에 다다랐다.
❷ 태풍으로 굵은 (나무가지 / 나뭇가지)가 부러지다.

참고
순 우리말이 포함된 합성어에서 뒷말의 첫소리가 된소리로 날 경우 사이시옷을 받치어 적는다.
관련조항 – 한글맞춤법 4장 4절 30항

고르다 : 여럿 중에서 가려내거나 뽑음

026

많은 것 중에서 마음에 드는 것을 하나 고르다.
어머니는 크고 맛있어 보이는 수박을 고르느라 하나씩 두들겨 보았습니다.

알쏭달쏭 풀어보기

❶ 그녀는 요즘 유행하는 옷을 (고르기 / 골르기) 시작했다.
❷ 잔뜩 (벼르고 / 별르고) 앉았던 어머니가 동생을 불렀다.

참고
고루다, 골르다는 표준어가 아니다.
관련조항 – 한글맞춤법 4장 2절 18항 9

고이다 / 괴다 (복수 표준어) :

027

물 따위의 액체나 냄새 따위가 우묵한 곳에 모임

비가 내리자 움푹 파여진 도로 여기저기에 빗물이 고여 있습니다.

마당 여기저기에 빗물이 괴어 있다.

알쏭달쏭 풀어보기

❶ 어머니는 (쇠고기 / 소고기)를 넣고
미역국을 끓여 주셨다.

❷ 난롯불에 손을 (쪼이다 / 쬐다).

곰곰이 : 깊이 생각하는 모양

028

그는 무엇인가를 곰곰이 생각하였습니다.

어머니께 꾸중을 들은 영민이는 무엇을 잘못했는지 곰곰이 생각을 정리해
보았습니다.

알쏭달쏭 풀어보기

❶ 어제 무슨 실수를 했는지 (곰곰이 / 곰곰히) 더듬어 보았다.

❷ 그 아이는 그 일을 하기에는 나이가 너무 어리고 (더욱이 / 더우기) 몸
도 약하다.

참고　　관련조항 – 한글맞춤법 4장 3절 25항, 표준어 규정 3장 5절 26항

029

곱빼기 :
음식에서 두 그릇의 몫을 한 그릇에 담은 분량 또는 계속하여 두 번 거듭하는 일

우리들은 모두 배가 고파서 자장면을 곱빼기로 시켜 먹었다.

그 일은 생각보다 곱빼기로 힘들다.

알쏭달쏭 풀어보기

❶ (곱빼기 / 곱배기)를 시켜서 둘이 나눠먹자!

❷ 할머니는 (뚝빼기 / 뚝배기)에 가득 된장찌개를 끓여 주셨다.

참고
- 다른 형태소 뒤에서 [빼기]로 발음되는 것은 모두 −빼기로 적는다.
- 한 형태소 내부에 있어 'ㄱ, ㅂ' 받침 뒤에 [빼기]로 발음되는 경우 −배기로 적는다.
- 그 외 [배기]로 발음되는 경우 −배기로 적는다.

030

과녁 :
활이나 총 따위를 쏠 때 표적으로 만들어 놓은 물건

우리나라 양궁 선수들은 과녁을 모두 정확히 맞혔습니다.

아빠는 날아가는 꿩을 과녁으로 삼아 사냥총의 방아쇠를 당겼습니다.

알쏭달쏭 풀어보기

❶ 화살이 (과녈 / 과녁)에 명중하다.

❷ (저녈 / 저녁)에 친구들과 약속이 있다.

구절 : 한 토막의 말이나 글

031

그는 시 한 구절을 조용히 읊조리다.
편지에는 어머니를 그리워하는 마음이 구절마다 배어 있다.

알쏭달쏭 풀어보기

❶ 좋은 (구절 / 귀절)을 뽑아 인용하다.
❷ 인상적인 (글구 / 글귀)를 적어 봐라.

> **참고**
> 한자 구(句)가 붙어서 이루어진 단어는 귀로 읽는 것을 인정하지 아니하고 구로
> 통일한다. 예외적으로 글귀, 귀글이 있음.
> 관련조항 – 표준어규정 2장 2절 13항

굽이 : 휘어서 구부러진 곳

032

김서방은 나뭇짐이 무거웠던지 산허리를 한 굽이도 못 돌아가고 지게를 내려놓았다.
저기 산허리 한 굽이만 더 돌면 집에 도착한다.

알쏭달쏭 풀어보기

❶ 지금까지 몇 (구비 / 굽이)를 올랐어도 한계령은 아직 구름 속에 숨어 있다.
❷ 큰방 (미다지 / 미닫이)가 열리며 할머니가 소리쳤다.

> **참고**
> 관련조항 – 한글맞춤법 4장 3절 19항

글쎄 : 남의 물음이나 요구에 대하여 분명하지 않은 태도를 나타낼 때 쓰는 말

033

글쎄 며칠만 더 참아 달라는데, 뭐 그렇게 성화를 하십니까?

이만한 게 천만다행이지. 글쎄 어쩌자고 그 위험한 곳에 뛰어든단 말인가?

알쏭달쏭 풀어보기

❶ (글쎄 / 글세) 생각 좀 해 봐야겠다.
❷ 엄마의 도시락에는 사랑이 (담북 / 담뿍) 담긴 편지도 있었다.

참고 한 단어 안에서 까닭 없이 나는 된소리는 다음 음절의 첫소리를 된소리로 적는다.
관련조항 – 한글맞춤법 3장 1절 5항

글자 : 말을 적는 일정한 체계의 부호

034

어린 아이들은 글자가 많은 책보다 그림책을 더 좋아한다.

한글에서 자음은 모음과 결합하여 글자를 만들어 낸다.

알쏭달쏭 풀어보기

❶ 그의 글은 무슨 (글짜 / 글자)인지 도무지 알 수가 없다.
❷ 여기서 무슨 일이 생기면 (끝짱 / 끝장)이야.

참고 두 개의 형태소가 결합한 합성어이므로 그 원형을 밝혀 적는다.
관련조항 – 한글맞춤법 4장 4절 27항

24

금세 : 지금 바로. '금시(今時)에'가 줄어든 말

035

날씨가 더운지 냉장고에서 꺼낸 얼음이 금세 녹았다.

아버지는 일이 피곤하신지 침대에 눕자마자 금세 잠이 드셨다.

알쏭달쏭 풀어보기

❶ 당도가 높은 수박이 (금새 / 금세)도 낮아 (금새 / 금세) 다 팔렸다.

❷ 아들은 (어느새 / 어느세) 자라서 청년이 되었다.

> **참고**
> - 금새는 물건의 값 또는 물건 값의 비싸고 싼 정도를 의미한다.
> - 금세의 비슷한말 어느새는 어느와 사이의 준말인 새가 결합된 합성어이다.

기다랗다 : 매우 길거나 생각보다 긺

036

서울역 택시 승강장에는 택시가 기다랗게 줄을 이루고 있다.

목이 기다란 기린은 높은 나무의 연한 잎을 먹습니다.

알쏭달쏭 풀어보기

❶ 그녀의 (기다란 / 길다란) 두 팔은 그녀를 더욱 돋보이게 하였다.

❷ 노인은 수염을 (길게 / 길다랗게) 기르다.

> **참고**
> 기다랗다는 기다랗고, 기다랗게, 기다란으로 활용되고 길다랗다로 표현하는 것은
> 잘못이다.

길들이다 : 어떤 일에 익숙하게 하다

몽골 사람들은 야생마를 길들여 농사에 사용한다.
북한 주민들은 가난과 속박에 길들여져 있다

알쏭달쏭 풀어보기

❶ 바쁜 일상에 (길들여져 / 길드러저) 힘들지 않다.
❷ 셰퍼드는 용감하고 영리하여 (길드리면 / 길들이면) 주인에게 충성을
다한다.

> **참고** 길들이다는 길이 들게 하는 것을 의미.

깃발 : 기의 바탕이 되는 종이나 천으로 만든 널따란 부분

가을 운동회장에는 깃발이 나부끼고 있었습니다.
항구에는 크고 작은 깃발이 색종이처럼 팔랑이고 있었습니다.

알쏭달쏭 풀어보기

❶ 그녀가 우승을 하자 관중들은 (깃빨 / 깃발)을 날리며 환호성을 질렀습니다.
❷ 파도가 (배찐 / 뱃전)을 두드리다.

> **참고** ㄱ, ㄷ, ㅂ, ㅅ, ㅈ으로 시작하는 단어 앞에 사이시옷이 올 때는 이들 자음만을 된소리로 발음하는 것을 원칙으로 하되, 사이시옷을 [ㄷ]으로 발음하는 것도 허용한다. / 관련조항 – 표준 발음법 7장 30항

039 **깍쟁이 :** 인색하고 얄미운 행동을 일삼는 사람

그 여자는 돈이 있어도 어려운 사람을 도와주지 않는 깍쟁이다.
그는 자기 주머니에 한 번 들어온 돈은 절대로 쓰지 않는 깍쟁이다.

알쏭달쏭 풀어보기

❶ 그녀는 자기 것은 확실히 챙기는 (깍쟁이 / 깍정이)다.
❷ 그녀는 자기 생각을 꼭 관철시키는 (고집장이 / 고집쟁이)이다.

참고
~쟁이는 명사 뒤에 붙어 뜻을 더하는 접미사(멋쟁이, 무식쟁이)
관련조항 – 표준어 규정 2장 2절 9항

---

040 **깨끗이 :** 가지런히 잘 정돈되어 깔끔하게 또는 남은 것이나 자취가 전혀 없이

나갔다 돌아오면 어머니는 손발을 깨끗이 씻는지 확인했다.
마음의 빚을 깨끗이 청산한 느낌이 든다.

알쏭달쏭 풀어보기

❶ 아이들은 선생님의 말씀에 따라 (깨끗히 / 깨끗이) 청소를 했다.
❷ 묻는 말에 (솔직히 / 솔직이) 대답해라.

참고
• 부사의 끝음절이 분명히 '이'로만 나는 것은 '-이'로 적는다.
• '히'로만 나거나 '이'나 '히'로 나는 것은 '-히'로 적는다.
관련조항 – 한글맞춤법 4장 3절 25항, 한글맞춤법 6장 51항

꼬이다 : 그럴듯하게 남을 속이거나 부추김 또는 하는 일 따위가 순순히 되지 않고 얽힘

041

성민이의 꼬임에 빠져 나는 숙제도 하지 않고 축구장으로 향했습니다.
영수는 떡볶이를 먹으러 가자고 나를 꼬였다.

알쏭달쏭 풀어보기

❶ 그는 밤참을 먹자고 나를 (꼬이다 / 꼬시다).
❷ 기세등등하게 목소리를 높이는 선배의 행동에 나는 (졸았다 / 쫄았다).

참고   고소하다의 방언 꼬시다와 겁먹다의 방언 쫄다

꼴찌 : 차례의 맨 끝

042

그 어린 선수는 마라톤에서 꼴찌로 들어왔지만 끝까지 달렸습니다.
민수는 열심히 노력한 결과 이번에는 꼴찌를 면했습니다.

알쏭달쏭 풀어보기

❶ 영미는 이번 달리기에서도 (꼴지 / 꼴찌)를 면하기 어려울 것 같아 걱정이 많다.
❷ 점심에 한숨 자고 나니 몸이 (산듯 / 산뜻)하다.

참고   'ㄴ, ㄹ, ㅁ, ㅇ' 받침 뒤에서 나는 된소리는 된소리로 적는다.
관련조항 – 한글맞춤법 3장 1절 5항

끼어들다 : 자기 순서나 자리가 아닌 틈 사이를 비집고 들어서다

043

앞차가 무리하게 끼어들다가 마침내 사고를 내고 말았다.

염치없이 끼어들기 하지 말고 줄을 섭시다.

알쏭달쏭 풀어보기

❶ 차선을 지키지 않고 무리하게 (끼여들기 / 끼어들기)를 하면 위험하다.

❷ 유난히 (잠투정 / 잠투세)이 심하구나!

참고
- 동사의 기본형은 끼어들다 명사는 끼어들기가 옳고 끼여들다, 끼여들기는 틀린 표기
- 잠주정, 잠투세를 쓰는 경우가 있으나 **잠투정**만 표준어로 삼는다.

관련조항 – 표준어규정 2장 4절 17항

나들이 : 집을 떠나 가까운 곳에 잠시 다녀오는 일

044

날씨가 따뜻해지자 공원에는 나들이 인파로 발 디딜 틈이 없었다.

주말이 되면 고속도로는 교외로 나들이 가는 차량으로 극심한 정체를 이룬다.

알쏭달쏭 풀어보기

❶ 오늘은 (나들이 / 나드리)하기에 좋은 날씨다.

❷ 열심히 일해서 장사 (밑천 / 믿천)을 만들다.

참고
둘 이상의 단어가 어울리거나 접두사가 붙어서 이루어진 말은 각각 그 원형을 밝히어 적는다.

관련조항 – 한글맞춤법 4장 4절 27항

나르다 : 물건을 한 곳에서 다른 곳으로 옮기다

045

날씨가 어두워지자 사람들은 짐 나르는 일을 서두르기 시작했다.
두 척의 갯배가 사람이나 자전거를 실어 나르고 있었다.

알쏭달쏭 풀어보기

❶ 산동네 사람들은 아직도 연탄을 수레로 실어 (날르고 / 나르고) 있었다.
❷ 친구의 잘못을 선생님에게 (일르다 / 이르다)가는 친구를 잃을지도 모른다.

참고 특별한 이유 없이 'ㄹ'을 덧붙여 **날르다**로 쓰는 것은 잘못.

날다 : 공중에 떠서 어떤 위치에서 다른 위치로 움직이다

046

기는 놈 위에 나는 놈이 있다더니 그 말이 딱 맞다.
도둑은 가볍게 날아서 담장을 넘었다.

알쏭달쏭 풀어보기

❶ 그의 권세는 (나는 / 날으는)새도 떨어뜨릴 정도이다.
❷ 머리가 (녹슨 / 녹슬은) 것 같아!

참고 날다에 '-는'이 연결되면 'ㄹ'이 탈락되어 '나는'이 된다. **날으는**은 잘못된 표현임.

047

납량(納凉) : 여름철에 더위를 피하여 서늘한 기운을 느낌

더위를 잊게 할 납량 특집을 영화관에서 상영한다.
여름이 다가오자 방송국에서 납량 특집으로 공포 영화를 앞다투어 방영한다.

알쏭달쏭 풀어보기

❶ 그 (납량 / 남양) 특집극은 소설이 원작이야!
❷ 그는 메달 수여식에서 (쌍룡 / 쌍용)이 수놓인 한복을 입었다.

> **참고**
> 한자음의 첫머리 이외의 경우 본음대로 적는다.
> 관련조항 – 한글맞춤법 3장 5절 11항

048

납작하다 : 판판하고 얇으면서 좀 넓음

영미는 코가 납작하지만 귀엽고 똑똑해!
그는 오래된 책을 읽다가 납작하게 말라있는 들꽃을 발견했다.

알쏭달쏭 풀어보기

❶ 아버지의 노기 띤 목소리에 그는 몸을 (납작 / 납짝)하게 엎드렸다.
❷ 어머니께서는 과일을 (접시 / 접씨) 가득히 깎아 오셨다.

> **참고**
> 'ㄱ, ㅂ' 받침 뒤에 된소리가 나더라도 된소리로 적지 않기로 한 단어.
> 늑대[늑때] / 낙지[낙찌] / 접시[접씨] / 납작하다[납짜카다]
> 관련조항 – 한글맞춤법 3장 1절 5항, 한글맞춤법 4장 3절 21항

049

낯설다 : 전에 본 기억이 없어 익숙하지 아니하다 또는 사물이 눈에 익지 아니하다

나는 소심하여 새로운 장소나 사람을 낯설어 하는 편이다.

바둑이는 낯선 사람을 보자 사납게 짖어 대기 시작했다.

알쏭달쏭 풀어보기

❶ (낯설은 / 낯선) 사람이 아는 척을 한다.

❷ 전학 온 학교는 선생님과 친구들이 모두 (낯설었다 / 낯설었다).

참고 낯설다에 '-은'이 연결되면 'ㄹ'이 탈락되어 낯선이 된다. 낯설은은 잘못된 표현

050

널찍하다 : 꽤 너르다

우리 가족은 널찍한 바위 위에 앉아 점심을 먹었다.

새로 이사 온 집은 정원이 널찍하다.

알쏭달쏭 풀어보기

❶ 숙소 옆에는 (넓다란 / 널따란) 공터가 있어 아이들의 웃음소리가 끊이지 않는다.

참고 겹받침의 끝소리가 드러나지 않는 널찍하다, 널따랗다와 같은 경우는 소리대로 적는다. / 관련조항 – 한글맞춤법 4장 3절 21항

넝쿨 / 덩굴 (복수 표준어) :

051

길게 뻗어 나가면서 다른 물건을 감기도 하고 땅바닥에 퍼지기도 하는 식물의 줄기

담쟁이 넝쿨의 어린 순이 담을 잡고 올라간 모습은 신비스럽다.

울타리를 감은 호박 덩굴에는 작은 호박들이 조롱조롱 매달려 있다.

알쏭달쏭 풀어보기

❶ 할머니는 뒤엉킨 (덩굴 / 넝쿨) 더미에서 수박 한 덩어리를 골랐다.

❷ 선생님의 질문에 동문서답하며 (딴전 / 딴청)을 부리다.

참고　딴전과 딴청이 모두 널리 쓰이므로 둘 다 표준어로 삼는다.
관련조항 – 표준어 규정 3장 5절 26항

네 :　상대를 가리키는 말임

052

그 일은 네가 벌인 일이니 네가 알아서 처리해라.

네가 원하면 어디든 가도 좋다.

알쏭달쏭 풀어보기

❶ 이 일은 (네가 / 너가) 적합하다고 결정했다.

❷ (내가 / 나가) 없더라도 잘 지내기 바란다.

참고　너 뒤에 주격조사 '가' 나 보격조사 '가' 가 붙으면 네가로 쓴다.

노을 / 놀 (복수 표준어) :

053

해가 뜨거나 질 무렵에 하늘이 햇빛에 물들어 벌겋게 보이는 모습

놀이 비친 바다는 온통 붉은 빛깔로 출렁였습니다.

여자 주인공이 **노을**을 배경으로 독백하는 모습이 인상적이야!

알쏭달쏭 풀어보기

❶ (노을 / 놀)은 해가 떨어진 후에도 여운을 남겼다.

❷ 그는 철이 들면서 장난스런 (거짓부리 / 거짓불)도 하지 않았다.

참고 놀은 노을의 준말이고 거짓불은 거짓부리의 준말로 두 말 모두 표준어.
관련조항 – 표준어규정 2장 3절 16항

녹슬다 :

054

쇠붙이가 부식하여 빛이 변함 또는 오랫동안 쓰지 않고 버려두어 낡거나 무디어지다

젊은 사람이 생각이 **녹슬어서** 답답하구나!

오랫동안 사용하지 않은 부엌칼은 벌겋게 **녹슬어** 사용할 수 없습니다.

알쏭달쏭 풀어보기

❶ 양철로 만든 대문은 오래되어 칠이 벗겨지고 (녹슬어 / 녹쓸어) 있습니다.

❷ 여기 (국수 / 국쑤) 한 사발 주세요.

참고 'ㄱ, ㅂ' 받침 뒤에서 나는 된소리는 같은 음절이나 비슷한 음절이 겹쳐 나는 경우가 아니면 된소리로 적지 아니한다.
관련조항 – 한글맞춤법 3장 1절 5항

높새바람 : 봄부터 초여름에 동해 방면에서 태백산맥을 넘어 불어오는 북동풍의 고온 건조한 바람

055

높새바람이란 늦은 봄부터 초여름까지 불어오는 바람이다.

덥고 건조한 높새바람은 봄철에 심하여 농작물에 피해를 줄 수 있다.

알쏭달쏭 풀어보기

❶ 식목일을 전후해 (높새바람 / 높새바람) 이 불어 산불 위험이 가장 높다고 한다.

❷ 그는 초조하고 불안한 모습으로 (손목시계 / 팔목시계)를 들여다봤다.

> **참고** 의미가 똑같은 형태가 몇 가지 있는 경우 그 중 어느 하나가 압도적으로 널리 쓰이면, 그 단어만을 표준어로 삼는다. / 관련조항 – 표준어 규정 3장 4절 25항

눈곱 : 눈에서 나오는 진득진득한 액이나 그것이 말라 있는 것 또는 아주 적거나 작은 것을 비유

056

먼지가 많아 눈곱이 자주 낀다.

그 사람은 인정이라고는 눈곱만큼도 없는 사람입니다.

알쏭달쏭 풀어보기

❶ 네 오른쪽 눈에 (눈곱 / 눈꼽)이 끼었다.

❷ (꽃잎 / 꽃닢)이 바람에 흩날리고 있었다.

> **참고** 둘 이상의 단어가 어울려 이루어진 말은 각각 그 원형을 밝히어 적는다.
> 관련조항 – 한글맞춤법 4장 4절 27항

눈살 : 두 눈썹 사이에 잡히는 주름

057

할아버지는 못마땅하신 듯 눈살을 찌푸리셨습니다.
예의에 벗어난 행동은 사람들의 눈살을 찌푸리게 한다.

알쏭달쏭 풀어보기

❶ 어머니는 영수의 못된 버릇에 (눈살 / 눈쌀)을
   찌푸리셨습니다.
❷ 고향의 (흙내 / 흑내)가 향긋하게 코를 찌른다.

참고 둘 이상의 단어가 어울리거나 접두사가 붙어서
이루어진 말은 각각 그 원형이 밝히며 적는다.

늘그막 : 늙어 가는 무렵

058

늘그막에 얻은 자식이라 금지옥엽으로 키웠다.
내가 늘그막에 무슨 욕심이 있겠소?

알쏭달쏭 풀어보기

❶ 그는 (늙으막 / 늘그막)에 고생을 심하게 했다.
❷ (남어지 / 나머지)는 내일 하도록 하자!

참고 어간에 '-이'나 '-음' 이외의 모음으로 시작된 접미사가 붙어서 다른 품사로
바뀐 것은 그 어간의 원형을 밝히지 않고 소리 나는 대로 적는다.
관련조항 – 한글맞춤법 4장 3절 19항

늦다 : 정해진 때보다 지나게 또는 시기가 한창인 때를 지나다

059

지난밤에 숙제를 하느라 늦게 잤더니 학교에 지각을 했습니다.
내가 늦어도 기다리지 말고 먼저 출발해.

알쏭달쏭 풀어보기

❶ 약속 시간에 조금 (늦께 / 늦게) 갔더니 친구들은 모두 가 버리고 없었습니다.
❷ 일찍 일어났다고 (늦장 / 늑장)을 부리다가 지각하였습니다.

> **참고** 늑장은 느릿느릿 꾸물거리는 태도로 늑장과 늦장 모두 표준어로 인정

닦다 : 때, 먼지, 녹 따위의 더러운 것을 없애거나 윤기를 내려고 거죽을 문지르다

060

손 닦아라! 저녁 먹자.
아이들은 교실 유리창을 열심히 닦았습니다.

알쏭달쏭 풀어보기

❶ 할머니는 쉴 새 없이 방바닥을 걸레로 (닦다 / 닥다).
❷ 부엌에서 쇠고기 (볶는 / 복는) 냄새가 진동하다.

> **참고** 닦아, 닦으니, 닦는으로 활용됨

더욱이 : 지금보다 정도가 더하게

061

아이들은 먹을 것도 없고 집도 없었다. 더욱이 곧 엄동설한이 닥쳐 올 텐데 걱정이다.

그녀는 예뻤다. 더욱이 유학까지 다녀온 귀재였다.

알쏭달쏭 풀어보기

❶ 이 집은 창문이 하나밖에 없는 데다 (더우기 / 더욱이) 북향이라 매우 어둡다.

❷ 우리는 새벽 (일찌기 / 일찍이) 아침을 먹고 서둘러 출발했다.

> **참고** '-이'나 '-히'가 붙어서 부사로 된 것은 그 어간의 원형을 밝히어 적는다.
> 관련조항 – 한글맞춤법 4장 3절 25항

덮개 / 뚜껑 (복수표준어) : 덮는 물건 또는 뚜껑

062

누나는 거실 한구석에 있는 피아노에 덮개를 씌웠다.

날씨가 좋으니 장독 뚜껑을 열자!

알쏭달쏭 풀어보기

❶ 고철 가격이 오르자 철제 배수로 (덮개 / 뚜껑)를 훔치는 파렴치범이 활개를 친다고 한다.

❷ 다 먹은 그릇은 (설거지통 / 개수통)에 놔두면 된다.

> **참고** 한 가지 의미를 나타내는 형태 및 가지가 널리 쓰이며 표준어 규정에 맞으면, 그 모두를 표준어로 삼는다.

돌부리 : 땅위로 내민 돌멩이의 뽀족한 부분

063

어린 아이는 돌부리에 걸려 넘어지더니 결국은 울음을 터뜨리고 말았다.
화가 난 그는 돌부리를 세게 걷어찼다.

알쏭달쏭 풀어보기

❶ 미안한 마음에 (돌부리 / 돌뿌리)를 툭툭 차며 땅만 바라보다.
❷ 채소가 더운 날씨에 (짓물렀다 / 짓물다).

> **참고**
> 돌부리의 부리는 식물의 뿌리를 가리키는 것이 아니라 물건 끝의 뽀족한 부분을 말한다.
> 관련조항 – 표준어규정 2장 4절 17항

동녘 : 동쪽

064

수련회에 왔다는 기쁨으로 밤새워 놀다가 동녘이 밝아올 무렵에야 잠이 들었습니다.
정월 초하룻날 아침 붉은 해가 동녘 하늘에 솟아올랐습니다.

알쏭달쏭 풀어보기

❶ 나는 벅찬 마음으로 밝아 오는 (동녁 / 동녘) 하늘을 바라보았다.
❷ 동이 틀 (녁 / 녘)이면 모두 밭에 나가 일을 한다.

> **참고**
> 녘은 방향과 어떤 때의 무렵을 의미한다.
> 관련조항 – 표준어규정 2장 1절 3항

둑 : 높은 길을 내려고 쌓은 언덕

065

지난밤의 집중호우로 둑이 무너져 온 마을이 물바다가 되었다.

마을 사람들이 장마를 대비하여 둑을 높이는 작업을 하고 있다.

알쏭달쏭 풀어보기

❶ 강을 가로막고 (뚝 / 둑)을 쌓다.

❷ (며루치 / 멸치)를 넣고 은근한 불에서
10분간 끓이세요.

둘러싸다 : 둥글게 에워싸다

066

우리나라는 삼면이 바다로 둘러싸여 있어 해산물이 풍부합니다.

이 문제를 둘러싸고 의견이 분분하다.

알쏭달쏭 풀어보기

❶ 우리 마을은 산으로 (둘러싸여 / 둘러쌓여) 아늑한 느낌을 줍니다.

❷ 화단을 벽돌로 (둘러싸아 / 둘러쌓아) 만들었다.

참고
- 둘러싸여는 둘러싸다의 피동사인 둘러싸이다의 활용형으로 둘러쌓여는 틀린
표현
- 둘러쌓다는 둘레를 빙 둘러서 쌓는 것으로 둘러쌓아, 둘러쌓으니 등으로 활용

40

둘째 : 순서가 두 번째가 되는 차례

067

우리 동아리는 정기적으로 매월 둘째 주 토요일에 모여서 토론을 한다.
어머니는 큰 아이보다는 몸이 약한 둘째를 더 걱정하신다.

알쏭달쏭 풀어보기

❶ 저는 (둘째 / 두째) 줄에 서 있어요!
❷ (셋째 / 세째) 시간은 미술 시간이다.

참고 의미를 구별함이 없이 한 가지 형태만을 표준어로 삼는다.(둘째, 셋째, 넷째 등)
관련조항 – 표준어규정 2장 1절 6항

~둥이 : 그러한 성질이 있거나 그와 긴밀한 관련이 있는 사람의 뜻을 더하는 접미사

068

우리 삼촌은 바람둥이라 동네 처녀들이 모두 피한다.
미영은 막내둥이로 가족의 사랑을 독차지 하였다.

알쏭달쏭 풀어보기

❶ 우리 집 (귀염둥이 / 귀염동이)가 이제 초등학생이 되었다.
❷ 그녀들은 (쌍둥이 / 쌍동이)지만 여러 면에서 매우 다르다.

참고 양성 모음이 음성 모음으로 바뀌어 굳어진 단어는 음성 모음 형태를 표준어로 삼는다.
관련조항 – 표준어규정 2장 2절 8항

뒹굴다 : 누워서 이리저리 구르다

069

형은 일이 없다며 종일 방 안에서 뒹굴며 지낸다.

강아지 서너 마리가 서로 물고 뒹굴고 놀다가 별안간 모두 달려 나간다.

알쏭달쏭 풀어보기

❶ 가을바람이 불자 노란 은행잎이 인도에 (딩굴고 / 뒹굴고) 있다.

❷ (냠냠거리며 / 얌냠거리며) 밥을 먹는 것이 귀엽다.

> **참고** 비슷한 발음의 몇 형태가 쓰일 경우 널리 쓰이는 한 형태만을 표준어로 삼는다.
> 관련조항 - 표준어규정 2장 4절 17항

들쑥날쑥 / 들쭉날쭉 (복수표준어)
들어가기도 하고 나오기도 하여 가지런하지 않은 모양

070

운동장에 늘어선 아이들이 줄을 선다고 한 것이 들쑥날쑥 제멋대로이다.

우리나라 남해안은 들쭉날쭉한 리아스식 해안이다.

알쏭달쏭 풀어보기

❶ 노란 버스 앞에는 고만고만한 아이들이
(들쑥날쑥 / 들쭉날쭉) 늘어서 있다.

❷ 쓸데없이 (들락거리는 / 들랑거리는) 것이
무슨 속셈이 있는 것 같아!

071

등쌀 : 몹시 귀찮게 구는 짓

어머니는 불량배의 등쌀에 장사할 수가 없다고 하십니다.

그녀는 부모님의 등쌀에 못 이겨 맞선을 보기로 했다.

알쏭달쏭 풀어보기

❶ 모기 (등쌀 / 등살)에 한숨도 못 잤습니다.

❷ (등쌀 / 등살)을 빼는 효과적인 방법은 뭐가 있을까?

참고   등쌀과 등살은 모두 [등쌀]로 읽지만 **등살**은 등에 있는 근육을 의미한다.

072

떠들썩하다 : 여러 사람이 큰 소리로 시끄럽게 마구 떠들다

뇌물 사건으로 정계가 떠들썩하다.

명절을 맞아 모처럼 모인 식구들로 집 안이 떠들썩하다.

알쏭달쏭 풀어보기

❶ (떠들썩한 / 떠들석한) 환영 행사보다는 진심 어린 축하가 더 필요하다.

❷ 그는 외투를 (뭉뚱그려 / 뭉둥그려) 급히 뛰어나갔다.

참고   한 단어 안에서 울림소리 'ㄴ, ㄹ, ㅁ, ㅇ' 뒤에서 나는 된소리는 된소리로 적는다. **뭉뚱그리다**는 되는대로 대강 뭉쳐 싸다 또는 여러 사실을 하나로 포괄하다는 의미. / 관련조항 – 한글맞춤법 3장 1절 5항

뜨개질 : 옷이나 장갑 따위를 실이나 털실로 떠서 만드는 일

073

할머니는 바구니에 실을 담아서 하루 종일 뜨개질을 하셨습니다.
엄마는 겨울에 부지런히 뜨개질을 하여 장갑과 목도리를 만들어 주셨다.

알쏭달쏭 풀어보기

❶ (뜨게질 / 뜨개질)로 모자를 만드는 것이 겨울방학 숙제야!
❷ 그의 말하는 (본새 / 뽄새)가 늘 마음에 걸렸다.

> **참고**
> 본새는 어떠한 동작이나 버릇의 됨됨이 또는 어떤 물건의 본디의 생김새.
> 관련조항 – 표준어규정 2장 4절 17항

만들다 : 노력이나 기술 따위를 들여 목적하는 사물을 이루다 또는 책을 저술하거나 편찬하다

074

할머니 생신에 떡을 만들 생각이다.
나는 오늘 종이학을 오십 마리 만들었다.

알쏭달쏭 풀어보기

❶ 새 규칙을 (만듦 / 만듬)
❷ 올해는 입학생 수가 대폭 (줄어듦 / 줄어듬)

> **참고**
> '만들다', '줄어들다'와 같이 'ㄹ' 받침인 용언의 어간 뒤에는 명사형 어미 '–ㅁ'
> 이 붙어 '만듦', '줄어듦'과 같은 형태로 쓰인다.

075

(정답을) 맞히다 : 맞다의 사동사로 물음에 옳게 답을 하다

철민이는 퀴즈 대회에 나가 많은 답을 맞히다.

수학 시험 열 문제 중 다섯 문제만 맞혀서 어머니께 꾸중을 들었다.

알쏭달쏭 풀어보기

❶ 수수께끼 정답을 (맞히면 / 맞추면) 많은 상품을 드립니다.

❷ 수학 답안지를 정답과 (맞히다 / 맞추다).

> **참고**
> '맞히다'는 '적중하다'의 의미가 있어서 정답을 골라낸다는 의미를 가지지만
> '맞추다'는 '대상끼리 서로 비교한다'는 의미를 가져서 '정답과 맞추다'와 같은
> 경우에만 쓴다.

076

먼지떨이 : 먼지를 떠는 기구

교실의 창을 모두 열고 먼지떨이로 먼지를 떨고 청소를 시작했습니다.

아버지는 성적이 떨어진 형의 종아리를 먼지떨이로 때렸습니다.

알쏭달쏭 풀어보기

❶ 어머니께서는 시장에서 (먼지털이 / 먼지떨이)를 사오셨습니다.

❷ 금연을 결심한 아버지는 (재떨이 / 재털이)부터 없애 버렸다.

> **참고**
> '떨다'와 '털다'는 모두 달려 있거나 붙어 있는 것을 떼어 내다라는 공통의 의미
> 를 갖는다. 차이는 '털다'는 흔들거나 치거나 해서 떼어낸다는 뜻이고 '떨다'는 쳐
> 서 떼어 낸다는 뜻으로 '먼지떨이'와 '재떨이'는 터는 것이 아니라 떠는 것이다.

머지않다 : 시간적으로 멀지 않다

이제 머지않아 눈이 내리겠지.

의학계에서는 머지않아 모든 질병이 정복될 것이라고 전망했습니다.

알쏭달쏭 풀어보기

❶ (머지않아 / 멀지 않아) 할아버지가 도착하실 시간이 되어 마중을 나가
   려 합니다.
❷ 집에서 버스 정류장까지 (머지않다 / 멀지 않다).

> **참고** 머지않다는 하나의 단어이고 멀지 않다는 각각의 단어로 꼭 띄어 써야 한다.

메마르다 : 땅에 물기가 없고 기름지지 아니하다

오랜 가뭄이 계속되어 논바닥이 메말라 쩍쩍 갈라졌습니다.

가뭄으로 메마른 땅에 단비가 내려 땅을 촉촉이 적셔줍니다.

알쏭달쏭 풀어보기

❶ 그는 (메마른 / 매마른) 표정으로 허공을 응시했다.
❷ 나는 찰떡보다 (메떡 / 매떡)을 더 좋아한다.

> **참고** 메마르다는 '메+마르다'로 이루어진 낱말이다. 이때 '메'는 곡식이나 떡을 나타
> 내는 명사의 머리에 붙어 찰기가 없이 '메진'의 뜻을 나타내는 접두사.

079

며칠 : 그달의 몇째 되는 날

며칠 전에도 그런 꿈을 꾸었다.

방학이 되어 며칠 집에서 쉬었더니 잠만 늘었다.

알쏭달쏭 풀어보기

❶ 오늘이 몇 월 (며칠 / 몇 일)이냐?

❷ 동생이 아파서 어머니가 (불이나케 / 부리나케) 병원으로 뛰어갔다.

참고
어원이 분명하지 않으므로 원형을 밝히지 않는다.
관련조항 – 한글맞춤법 4장 4절 27항

080

무 : 잎은 깃 모양으로 뿌리에서 뭉쳐나고 뿌리는 둥글고 길다

무는 배추와 함께 주된 김장 재료이다.

고등어조림에는 무가 들어가야 맛있어.

알쏭달쏭 풀어보기

❶ (무 / 무우)는 조리법이 다양하다.

❷ 저 바위는 구렁이가 (똬리 / 또아리)를 틀고 있는 형상이다.

참고
준말이 널리 쓰이고 본말이 잘 쓰이지 않는 경우에는 준말만을 표준어로 삼는다.
관련조항 – 표준어규정 2장 3절 14항

미끄러지다 : 미끄러운 곳에서 밀려 나가거나 넘어지다 또는 뽑히거나 골라진 대상 가운데 들지 못하다

081

우리는 눈 속에서 몇 번씩이고 미끄러지고 엎어지면서 목적지에 간신히 도착했습니다.

얼음판에 발이 미끄러지면서 발목을 삐었습니다.

알쏭달쏭 풀어보기

❶ 그는 축구 대표 선수 선발에서 (미끄러졌다 / 미끌어졌다).

❷ 사건의 전모는 (들어났지만 / 드러났지만), 진상은 밝혀지지 않고 있다.

> **참고** 두 개의 용언이 어울려 한 개의 용언이 될 적에 앞말이 본뜻에서 멀어진 것은 원형을 밝혀 적지 않는다.
> 관련조항 – 한글맞춤법 4장 2절 15항

미닫이 : 옆으로 밀어서 열고 닫는 문이나 창

082

미닫이가 덜컹대며 열리더니 웬 낯선 사람이 고개를 내밀었습니다.

할머니는 드르륵 하고 미닫이를 열더니 밖을 내다보셨습니다.

알쏭달쏭 풀어보기

❶ 오래된 집이라 (미닫이 / 미다지)가 삐걱거리며 쉽게 열리지 않았습니다.

❷ (쇠붙이 / 쇠부치)에 녹이 슬다.

> **참고** 어간에 '-이'가 붙어서 명사나 부사가 된 경우 어간의 원형을 밝혀 적는다.
> 관련조항 – 한글맞춤법 4장 3절 19항

및 : 그리고, 그 밖에, 또의 뜻으로 문장에서 같은 종류의 성분을 연결할 때 쓰는 말

083

공무원 응시자격 및 시험일정을 확인하다.

원인과 증상 및 치료법에 대해 알아보다.

알쏭달쏭 풀어보기

❶ 그 공연은 (초등학생 및 / 초등학생및) 중학생은 무료입장이다.

❷ (아침 겸 / 아침겸) 점심을 먹다.

> **참고**
> 두 말을 이어 주거나 열거할 적에 쓰이는 말들로 띄어 쓴다.(겸, 내지, 대, 등,
> 및, 등등) '와, 과'는 조사로 앞말과 붙여 쓴다.
> 관련조항 – 한글맞춤법 5장 2절 45항

바라다(바람) : 생각이나 바람대로 어떤 일이나 상태가 이루어지거나 그렇게 되었으면 하고 생각하다

084

이 세상 모든 부모는 자식이 행복하기를 바란다.

대가를 바라고 너를 도운 게 아니다.

알쏭달쏭 풀어보기

❶ 나는 시집간 언니가 행복하게 살기를 진심으로 (바랐다 / 바랬다).

❷ 오래 입은 셔츠가 흐릿하게 색이 (바랐다 / 바랬다).

> **참고**
> 바래다는 볕이나 습기를 받아 빛이 변하는 것을 말함.

발자국 : 발로 밟은 자리에 남은 모양

085

영미와 나는 운동장에 소복이 쌓인 눈 위에 발자국을 남기며 걸었다.
너무 놀라 한 발자국도 움직일 수 없었다.

알쏭달쏭 풀어보기

❶ 깨끗한 대리석 바닥을 더러운 (발자국 / 발자욱)으로 더럽히다.
❷ 그녀는 한 (발짝 / 발작)도 움직일 수가 없었다.

참고
- 노래나 시어로 **발자욱**으로 쓰는 경우가 있으나 올바른 표기는 **발자국**이다.
- **발작**은 어떤 병의 증세나 격한 감정, 부정적인 움직임을 의미하고 **발짝**은 발을 한 번 떼어 놓는 걸음을 세는 단위를 말한다.

배고프다 : 배 속이 비어서 음식이 먹고 싶다

086

유년 시절 배고팠던 기억에 그는 열심히 일했다.
너무 배고파서 먼저 먹었어!

알쏭달쏭 풀어보기

❶ 보육원의 아이들에게 겨울은 춥고 (배고픈 / 배고푼) 계절이다.
❷ 배가 (고프니 / 고푸니) 기운이 없다.

참고
배고프다 또는 배가 고프다로 쓴다.

번번이 : 매 때마다

087

그는 번번이 약속을 어기면서 이런저런 변명을 늘어놓다.
삼촌은 필기시험에는 합격을 하면서 면접에서는 번번이 떨어졌습니다.

❶ 엄마에게 용돈을 올려달라고 했지만
   (번번이 / 번번히) 거절당했다.
❷ 학생회장은 왜 (매양 / 번번이) 남학생이
   되는 거야?

참고   매양은 번번이와 같은 말임.

별안간 : 갑작스럽고 아주 짧은 동안

088

맑았던 날씨가 별안간 난데없는 벼락과 함께 비바람이 몰아칩니다.
나는 별안간 무서운 생각이 들어 벌떡 일어났다.

❶ 차에서 내리자 (별안간 / 벼란간) 쏟아지는 소나기에 옷을 적시고 말았다.
❷ 더운 날씨에 채소가 (짓무르다 / 짓물다).

참고   별안간은 한자어 瞥眼間을 우리말로 사용하는 것으로 벼란간으로 쓰면 틀린다.
       관련조항 – 표준어규정 2장 4절 17항

부엌 : 음식을 만들고 설거지를 하는 등 식사에 관련된 일을 하는 곳

089

학교에서 돌아온 나는 맛있는 냄새에 이끌려 부엌으로 들어섰다.

안방에 가면 시어머니 말이 옳고 부엌에 가면 며느리 말이 옳다는 속담이 있다.

알쏭달쏭 풀어보기

❶ 어머니는 (부역 / 부엌)에서 빈대떡을 부치고 계신다.

❷ (살쾡이 / 삵쾡이)는 한국, 중국, 인도 등지에 분포한다.

> **참고**   '부엌, 살쾡이, 나팔꽃' 등의 단어는 거센소리를 표준어로 삼는다.
> 관련조항 - 표준어규정 2장 1절 3항

비비다 : 두 물체를 맞대어 문지르다

090

산 속에서 길을 잃은 두 사람은 서로 몸을 비비면서 추위를 참고 있었다.

나는 옷에 묻은 흙을 비벼서 털었습니다.

알쏭달쏭 풀어보기

❶ 단칸방에서 여섯 식구가 (비비며 / 부비며) 살던 시절이 그리울 때도 있다.

❷ 어머니는 (광주리 / 광우리)를 머리에 이고 잰걸음으로 비탈길을 내려갔다.

> **참고**   압도적으로 널리 쓰이는 단어를 표준어로 삼는다.
> 관련조항 - 표준어규정 3장 4절 25항

빛깔 : 물체가 빛을 받을 때 빛의 파장에 따라 그 거죽에 나타나는 특유한 빛

091

노랗게 변해가는 은행나무의 빛깔은 이제 가을이 멀지 않았음을 의미한다.
할머니는 고운 빛깔의 한복을 차려입으셨다.

알쏭달쏭 풀어보기

❶ 그녀가 푸른 (빛깔 / 빛갈)의 조명 앞에 서니 신비로워 보였다.
❷ 그는 (성깔 / 성갈) 있어 보여!

> **참고**
> 심부름꾼, 때깔, 팔때기, 발꿈치 등은 된소리로 적는다.
> 관련조항 – 한글맞춤법 6장 54항

사뭇 : 거리낌 없이 마구, 내내 끝까지 또는 아주 딴판으로

092

할아버지 사고 소식에 어머니는 사뭇 눈물을 흘리셨다.
오늘은 아침부터 사뭇 바빴다.

알쏭달쏭 풀어보기

❶ 3년 만의 재회에 그는 (사뭇 / 사뭇) 달라져 있었다.
❷ (얼핏 / 언뜻) 사람의 그림자가 지나가는 듯했다.

> **참고**
> 'ㄷ' 소리로 나는 받침 중에서 'ㄷ'으로 적을 근거가 없는 것은 'ㅅ'으로 적는다.
> (덧셈, 빗장, 기껏, 놋그릇, 돗자리, 무릇 등)
> 관련조항 – 한글맞춤법 3장 3절 7항, 표준어규정 3장 5절 26항

사흘날 : 셋째 날

093

사흘날이라고 하면 매달 초하룻날부터 헤아려 셋째 되는 날을 가리킵니다.
형은 다음 달 사흘날에 돌아오겠다는 말을 하고는 여행을 떠났다.

알쏭달쏭 풀어보기

❶ 밤사이에 그칠 줄 알았던 비는 (사흔날 / 사흘날)이 되어도 계속 내렸다.
❷ (섯부른 / 섣부른) 행동으로 문제를 일으키면 안 된다.

> **참고**
> 끝소리가 'ㄹ'인 말과 어울릴 적에 'ㄹ' 소리가 'ㄷ' 소리로 나는 것은 'ㄷ'으로
> 적는다.
> 섣부르다는 솜씨가 설고 어설픔을 의미한다.
> 관련조항 – 한글맞춤법 4장 4절 29항

살코기 : 기름기나 힘줄 따위를 발라낸 순 살로만 된 고기

094

어머니는 연한 살코기에 갖가지 양념을 해서 구운 요리를 해 주셨다.
그녀는 비계는 떼어 내고 살코기만 먹는다.

알쏭달쏭 풀어보기

❶ 카레에 넣을 기름기가 적은 (살코기 / 살고기)를 준비한다.
❷ 그녀는 (머리카락 / 머리가락)을 뒤로 쓸어 넘겼다.

> **참고**
> 수캐, 수컷, 안팎 등 두 말이 어울릴 적에 'ㅂ' 소리나 'ㅎ' 소리가 덧나는 것은
> 소리대로 적는다.
> 관련조항 – 한글맞춤법 4장 4절 31항

서두르다 / 서둘다 (복수 표준어) :

095

일을 빨리 해치우려고 급하게 바삐 움직이다

아버지는 서두르지/서둘지 않으면 기차 시간에 늦겠다고 엄마를 채근하였습니다.

명절 귀성 표는 서둘러 예매하지 않으면 매진될 것이라고 합니다.

알쏭달쏭 풀어보기

❶ 실수가 많은 것을 보니 네가 너무 (서두른/서둔) 모양이다.

❷ 그는 젓가락질이 (서투르다/서툴다)

참고
> 준말과 본말이 다 같이 널리 쓰이면서 준말의 효용이 뚜렷이 인정되는 것은 두 가지를 다 표준어로 삼는다.
> 관련조항 – 표준어규정 2장 3절 16항

섣달 : 음력으로 한 해의 맨 마지막 달

096

섣달그믐에 방앗간은 떡을 만들러 온 사람들로 붐빈다.

정성이 지극하면 동지섣달에도 꽃이 핀다고 합니다.

알쏭달쏭 풀어보기

❶ 삼촌은 해를 넘기지 않으려고 결혼식을 (섣달/섯달)로 정했다.

❷ 꽃 피는 삼월이라 (삼진날/삼짓날)에 강남 갔던 제비가 돌아오는구나!

참고
> 뒤 페이지의 음력 달, 일 표기 참조

음력 달 표기

1월	정월	7월	칠월
2월	이월	8월	팔월
3월	삼월	9월	구월
4월	사월	10월	시월
5월	오월	11월	동짓달
6월	유월	12월	섣달

음력 일 표기

1	(초)하루 · (초)하룻날	17	열이레 · 열이렛날
2	(초)이틀 · (초)이튿날	18	열여드레 · 열여드렛날
3	(초)사흘 · (초)사흗날	19	열아흐레 · 열아흐렛날
4	(초)나흘 · (초)나흗날	20	스무날
5	(초)닷새 · (초)닷샛날	21	스무하루 · 스무하룻날
6	(초)엿새 · (초)엿샛날	22	스무이틀 · 스무이튿날
7	(초)이레 · (초)이렛날	23	스무사흘 · 스무사흗날
8	(초)여드레 · (초)여드렛날	24	스무나흘 · 스무나흗날
9	(초)아흐레 · (초)아흐렛날	25	스무닷새 · 스무닷샛날
10	(초)열흘 · (초)열흘날	26	스무엿새 · 스무엿샛날
11	열하루 · 열하룻날	27	스무이레 · 스무이렛날
12	열이틀 · 열이튿날	28	스무여드레 · 스무여드렛날
13	열사흘 · 열사흗날		(달에 따라 그믐일 수 있음)
14	열나흘 · 열나흗날	29	스무아흐레 · 스무아흐렛날
15	열닷새 · 열닷샛날 또는 (음력)보름		(달에 따라 그믐일 수 있음)
16	열엿새 · 열엿샛날	30	그믐 · 그믐날

097

소꿉놀이 : 소꿉을 가지고 노는 아이들의 놀이

어린아이들이 놀이터에 모여 앉아 소꿉놀이를 하고 있습니다.
소꿉놀이 장난감은 어느 쪽에 있습니까?

알쏭달쏭 풀어보기

❶ 아파트 단지 놀이터에서 어린이들이 (소꿉놀이 / 소꿉놀이)를 하고 있다.
❷ 아이들이 운동장을 (깡충깡충 / 깡총깡총) 뛰어다닌다.

참고 양성 모음이 음성 모음으로 바뀌어 굳어진 말은 음성 모음으로 적는다.
관련조항 - 표준어규정 2장 2절 8항

098

수소 : 소의 수컷

수소는 어린 송아지를 머리로 받는 시늉을 하여 쫓아버립니다.
수소는 황소라고 부르기도 한다.

알쏭달쏭 풀어보기

❶ (수소 / 숫소)는 암소에 비해 몸집이 크다.
❷ 뿔이 가장 큰 (숫양 / 수양)이 싸움에서도 유리하다.

참고 수컷을 이르는 접두사는 '수-'로 통일한다. 예외는 숫양, 숫염소, 숫쥐
관련조항 - 표준어규정 2장 1절 7항

시늉말/흉내말 (복수표준어)

어떠한 사물이나 현상의 소리 · 모양 · 동작 따위를 흉내 내는 말

099

개그맨은 다른 사람의 시늉말을 잘 합니다.

요즈음은 개인기로 동물의 흉내말을 하는 사람이 많습니다.

알쏭달쏭 풀어보기

❶ 우리말은 (시늉말 / 흉내말)이 매우 발달되어 있습니다.

❷ 타향에서 몸이 아프니 외롭고 (서럽다 / 섧다).

> **참고**
> 서럽다는 원통하고 슬프다는 뜻
> 관련조항 – 표준어규정 3장 5절 26항

싫증 : 싫은 생각이나 느낌

100

성수는 공부하는 것이 싫증이 났던지 몸을 비비꼬며 안달을 부렸습니다.

그녀는 반복되는 얘기에 점점 싫증이 났다.

알쏭달쏭 풀어보기

❶ 그는 바쁜 도시 생활에 (싫증 / 실증)을 느끼고 있다.

❷ (싫증 / 실증)주의는 관찰이나 실험 등으로 검증 가능한 지식만을 인정한다.

> **참고**
> ● **싫증**은 합성어로 뜻을 쉽게 파악하고자 원형을 밝히어 적는다.
> ● **실증**은 실제로 증명함 또는 그런 사실을 뜻한다. **싫증**과 **실증**은 모두 [실쯩]으로 읽는다.

아기 : 어린 젖먹이 아기

101

울던 아기는 엄마를 보자 반색을 하며 웃습니다.
작년에 시집 간 언니가 어제 예쁜 여자 아기를 낳았다고 합니다.

알쏭달쏭 풀어보기

❶ (아기 / 애기)가 나를 보더니 귀엽게 웃습니다.
❷ 동물원의 (아기곰 / 아기 곰)이 귀엽다.

참고
아기와 아가는 표준어이고,
애기는 아기의 잘못된 표현

아지랑이 : 봄날 햇빛이 강하게 쬘 때 공기가 공중에서 아른아른 움직이는 현상

102

봄이 되자 낮은 언덕 위에는 아지랑이가 아물거리며 하늘로 올라간다.
저 멀리에 아지랑이가 모락모락 피어오른다.

알쏭달쏭 풀어보기

❶ (아지랑이 / 아지랭이)는 불규칙적인 빛의 굴절에 의해서 생긴다.
❷ 당분간 (오라비 / 오래비)가 아버지 대신이다.

참고
다음 단어는 'ㅣ' 역행 동화가 일어나지 아니한 형태를 표준어로 삼는다.
관련조항 – 표준어규정 2장 2절 9항

안되다 : 일, 현상, 물건 따위가 좋게 이루어지지 않음

103

올해는 비가 너무 많이 와서 과일 농사가 안되어 큰일이다.
자식이 안되기를 바라는 부모는 없다.

알쏭달쏭 풀어보기

❶ 반찬을 가려 먹으면 (안된다 / 안 된다).
❷ 경기 침체로 장사가 잘 (안되다 / 안 되다).

참고 안되다는 동사 잘되다의 반의어이고 동사 되다를 부정하는 표현은 안 되다로 먹어도 된다 → 먹으면 안 된다로 쓴다.

안성맞춤 : 요구하거나 생각한 대로 잘된 물건을 비유적으로 이르는 말

104

한강 고수부지는 조깅을 하거나 자전거를 타기에 안성맞춤이다.
여기는 호젓한 곳이라서 데이트를 하기에 아주 안성맞춤이다.

알쏭달쏭 풀어보기

❶ 이곳의 토질은 유실수나 관상수를 심기에 (안성맞춤 / 안성마춤)이다.
❷ 빨간색 구두를 (맞추다 / 마추다).

참고 과거 마춤이 옳은 표기였던 시절이 있었으나 맞춤으로 통일되면서 안성맞춤도 그에 따른 것이다.
관련조항 – 한글맞춤법 6장 55항

알맞다 : 일정한 기준이나 조건 등이 넘치거나 모자라지 아니한 것

105

빈칸에 알맞은 말을 넣으시오.

오늘 같이 맑고 청명한 날씨는 빨래하기에 알맞은 날씨입니다.

알쏭달쏭 풀어보기

❶ 건강을 위하여 (알맞는 / 알맞은) 운동을 찾아서 하는 것이 중요합니다.
❷ 분위기에 (걸맞은 / 걸맞는) 의상을 준비해라.

> **참고**
> 형용사와 결합하는 현재 관형사형 어미는 '-은'이고 동사와 결합하는 관형사형 어미는 '-는'으로 동사 맞다는 입에 맞는 음식 또는 맞는 말로 써야 한다.

알아맞히다 : 요구되거나 기대되는 답을 알아서 맞게 하다

106

어머니는 사람의 얼굴을 보고 그 사람의 나이를 알아맞힙니다.

철민이는 수수께끼 문제를 신기하게 잘도 알아맞힌다.

알쏭달쏭 풀어보기

❶ 그는 점쟁이처럼 성격을 (알아맞췄다 / 알아맞혔다).
❷ 정답을 (알아맞혀 / 알아맞춰) 봐.

> **참고**
> 알아맞추다는 표준어가 아니므로 알아맞히다로 쓰고 알아맞히어, 알아맞혀, 알아맞히니 등으로 활용한다.

애(아이) : 아이(나이가 어린 사람)의 준말

107

울고 있던 애는 엄마를 보더니 방긋 웃으며 달려갑니다.
정말 그 애가 그런 거짓말을 했을까요?

알쏭달쏭 풀어보기

❶ 그걸 아는 (애 / 얘)가 그랬어? (곁에 없을 때)
❷ (애 / 얘)가 그랬어? (곁에 있을 때)

어저께 / 어제(복수 표준어) : 오늘의 바로 하루 전날

108

동생이랑 어저께 영화를 보았다.
어제도 비가 내렸는데 오늘도 비가 그치지 않습니다.

알쏭달쏭 풀어보기

❶ (어저께 / 어제) 어머니 생신이었는데
까맣게 잊고 있었어요.
❷ 뭘 하기에 그렇게 (들랑날랑 / 들락날락)
분주하니?

얼루기 : 얼룩얼룩한 점이나 무늬가 있는 짐승이나 물건

109

우리 집 강아지 중에 얼루기가 제일 예쁘고 영리합니다.
갈색 점이 여기저기 박혀 있는 얼루기는 아버지가 좋아하는 송아지입니다.

알쏭달쏭 풀어보기

❶ 어머니는 (얼룩이 / 얼루기) 무늬를 좋아하신다.
❷ 식중독으로 (두들어기 / 두드러기)가 나다.

> **참고** 얼루기는 얼룩에 접미사 '-이'가 붙어서 명사가 된 낱말. '-하다'나 '-거리다'가 붙을 수 없는 어간에 '-이'나 또는 다른 모음으로 시작되는 접미사가 붙어서 명사가 된 것은 원형을 밝히어 적지 않는다.
> 관련조항 – 한글맞춤법 4장 3절 23항

엊그저께 : 바로 며칠 전

110

아빠는 지난 학창 시절이 엊그저께 같다고 입버릇처럼 말합니다.
엊그저께 한 것 같은 청소 당번이 벌써 돌아왔습니다.

알쏭달쏭 풀어보기

❶ (엇그제 / 엊그제) 태어난 것 같은데 벌써 초등학생이구나!
❷ 어머니는 텃밭에 (갓가지 / 갖가지) 채소를 심었다.

> **참고** 단어의 끝모음이 줄어지고 자음만 남은 것은 그 앞의 음절에 받침으로 적는 원칙에 따라 어제그저께 → 엊그저께 → 엊그제와 가지가지의 준말 갖가지
> 관련조항 – 한글맞춤법 4장 5절 32항

여물다/영글다(복수 표준어)

111

과실이나 곡식 따위가 알이 들어 잘 익다 또는 빛이나 자연 현상이 짙어지거나 왕성해지다

가을이 깊어지자 과일과 곡식이 영글어 갔습니다.

올해는 곡식이 알차게 여물어 풍년이 들 것 같습니다.

알쏭달쏭 풀어보기

❶ 가을이 (여물어 / 영글어) 아침저녁으로 쌀쌀해지다.

❷ (어린순 / 애순)이 돋고 눈이 녹으면서 봄이 왔다.

> **참고** 방언이었던 **영글다**와 **애순**이 표준어인 **여물다**와 **어린순**과 함께 널리 쓰이므로 둘 다 표준어로 삼는다.
> 관련조항 – 표준어규정 3장 3절 23항

연거푸 : 잇따라 여러 번 되풀이하여

112

형은 감기에 걸렸는지 연거푸 재채기를 합니다.

어머니는 속이 탄지 연거푸 물을 마시다.

알쏭달쏭 풀어보기

❶ 불꽃놀이가 시작되자 (연거푸 / 연거퍼) 폭죽이 터지기 시작했다.

❷ 상대 팀에게 (거푸 / 거퍼) 3점을 내주었다.

> **참고** 연거푸는 '연(連) + 거푸'로 이루어진 낱말이며, 거푸는 잇달아 거듭의 뜻.

예쁘다 : 생긴 모양이 아름다워 눈으로 보기에 좋음

113

하얀 원피스를 입은 내 여동생은 인형처럼 예쁘다.
쌍꺼풀에 보조개까지 있는 미연이는 정말 예쁘다.

알쏭달쏭 풀어보기

❶ 그녀는 얼굴도 (이쁘고 / 예쁘고) 마음씨도 곱다.
❷ 창가에는 (이쁜 / 예쁜) 화분이
   가지런히 놓여 있다.

참고 이쁘다는 방언임

오랫동안 : 시간상으로 썩 긴 동안

114

그녀는 오랫동안 아무 말도 없었다.
그 영화는 오랫동안 기억에 남는 명화야!

알쏭달쏭 풀어보기

❶ 그는 (오랫동안 / 오랜동안) 가족을 만나지 못했다.
❷ (오랫만에 / 오랜만에) 고향 사람을 만나자 너무 반가웠다.

참고
- 오랫동안은 실질형태소 오래와 동안이 결합하면서 사이시옷이 들어간 합성어이기 때문에 오랫동안이 올바른 표기이다.
- 오랜만은 오래간만의 준말로 어떤 일이 있는 때로부터 긴 시간이 지난 뒤를 뜻한다.

올바르다 : 말이나 생각, 행동 따위가 옳고 바름

115

그는 아버지처럼 올바른 사람이 되고 싶었다.

그는 올바르고 성실한 사람이다.

알쏭달쏭 풀어보기

❶ 학교 교육은 (올바른 / 옳바른) 사람을 만들기 위한 것입니다.

❷ 너의 말이 (올으니 / 옳으니) 너의 말을 따르겠다.

> **참고** 옳다는 사리에 맞고 바르다는 뜻.

욕심꾸러기 / 욕심쟁이 :
욕심이 많은 사람을 낮잡아 이르는 말

116

내 동생은 세상에 둘도 없는 욕심꾸러기입니다.

욕심쟁이는 그 욕심 때문에 모든 것을 잃기 쉽다.

알쏭달쏭 풀어보기

❶ 그에게 (욕심꾸러기 / 욕심쟁이)라는
말은 그냥 붙여진 이름이 아니다.

❷ 그는 흉악범으로 (버러지 / 벌레)만도
못한 인간이야!

우레 : 뇌성과 번개를 동반하는 대기 중의 방전 현상

117

우리 선수들이 한 골을 넣자 관중들은 우레 같은 함성이 터져 나왔다.
여름철 장맛비는 언제나 우레와 번개까지 몰고 왔다.

알쏭달쏭 풀어보기

❶ 선수들이 묘기를 부릴 때마다 (우레 / 우뢰)와 같은 박수갈채가 쏟아졌다.
❷ 시커먼 먹구름이 몰려오더니 (우레 / 천둥)이 울리기 시작하다.

참고
우뢰는 우레의 잘못.
관련조항 – 표준어규정 3장 5절 26항

웬일 : 어찌 된 일 또는 의외의 뜻을 나타냄

118

네가 선물을 다 사 오다니, 이게 웬일이냐?
자주 우리 집에 놀러 오던 민수가 웬일인지 한동안은 발길이 뜸했다.

알쏭달쏭 풀어보기

❶ 아버지는 (웬일 / 왠일)인지 얼굴빛이 몹시 어두워 보였다.
❷ 그가 오늘따라 (웬지 / 왠지) 멋있어 보인다.

참고
왠지는 왜 그런지 모르게 또는 뚜렷한 이유도 없이 **왜인지**에서 줄어든 말

윗마을 : 위쪽에 있는 마을

119

설을 맞아 윗마을 청년들과 아랫마을 청년들이 씨름을 했다.

알쏭달쏭 풀어보기

❶ 1. (윗마을 / 웃마을)이 산수가 좋다고 소문이 났다.
❷ 전봇대에 부딪쳐 (윗입술 / 웃입술)이 깨지다.

참고
① 위/아래의 대립이 있을 때에는 '윗'으로 쓴다.
　윗마을–아랫마을, 윗입술–아랫입술, 윗변–아랫변, 윗도리–아랫도리 등
② 대립이 없는 단어는 '웃–'으로 발음되는 형태를 표준어로 삼는다.
　웃어른, 웃돈, 웃옷, 웃통 등
③ 단, 된소리나 거센소리 앞에서는 '위–'로 쓴다.
　위쪽, 위층, 위짝, 위채, 위치마, 위턱, 위팔 등

으레 : 두말할 것 없이 당연히 또는 틀림없이 언제나

120

그는 방과 후에는 으레 친구들과 함께 게임방으로 달려가곤 했습니다.
어머니는 봄이면 으레 봄나물을 캐러 이웃집 아주머니들과 산에 가십니다.

알쏭달쏭 풀어보기

❶ 동생은 자고 깨면 (으례 / 으레) 엄마를 찾습니다.
❷ (미루나무 / 미류나무)는 미국이 원산지이다.

참고
모음이 단순화한 형태를 표준어로 삼은 단어(괴팍하다, 여느, 허우대 등)
관련조항 – 표준어규정 2장 2절 10항

임 : 사모하는 사람

121

그리운 임을 떠나보낸 나의 마음 의지할 데가 없다.
옷은 새 옷이 좋고 임은 옛 임이 좋다.

❶ (님 / 임) 향한 일편단심은 변하지 않을 것이다.
❷ 민수 (님 / 임)은 내일 뭐하세요?

참고 님은 그 사람을 높여 이르는 말로 씨보다 높임의 뜻을 나타낸다.

자그마치 : 예상보다 훨씬 많이 또는 적지 않게

122

할머니께서는 독감이 걸려 자그마치 일주일을 병원에 앓아누워 계셨습니다.
아버지는 고향을 떠나온 지 자그마치 삼십 년이 넘었다고 하십니다.

❶ 영미네 가족은 (자그마치 / 자그만치) 열 명이나 된다고 합니다.
❷ 그는 (국수 / 국시)를 장국에 말아 먹는 것을 좋아한다.

참고 자그만치와 국시는 방언으로 잘못된 표현이다.

조그마하다 : 조금 작거나 적다 또는 그리 대단하지 아니하다

123

조그마한 종이 상자에는 처음 보는 예쁜 인형이 들어 있습니다.
분교의 조그만 교실에는 일고여덟 개의 책상이 가지런히 놓여 있다.

알쏭달쏭 풀어보기

❶ 동생은 (조그마한 / 조그만) 일에도 삐져서 울음을 터뜨립니다.
❷ 그녀의 발은 (조그마하다 / 조그만하다)

참고   조그만은 조그마한이 줄어든 말로 둘 다 맞는 표기이지만 **조그마하다**의 뜻으로 흔히 쓰는 **조그만하다**는 틀린 표현이다.

졸리다 : 자고 싶은 느낌이 들다

124

감기가 들어서 온종일 졸린 것 같다.
졸려서 운전을 못 하겠어요.

알쏭달쏭 풀어보기

❶ 밥을 먹고 나니 (졸립다 / 졸리다).
❷ 말하는 (본새 / 뽄새)가 마음에 안 든다.

참고   졸립다와 **뽄새**는 방언으로 잘못된 표현이다.
관련조항 – 표준어규정 2장 4절 17항

125

짭짤하다 : 감칠맛이 있게 조금 짜다 또는 일이 잘되어 실속이 있음

할머니는 짭짤한 젓갈을 좋아하신다.
그는 월급보다 부수입이 더 짭짤하다.

알쏭달쏭 풀어보기

❶ 나는 (짭짤한 / 짭잘한) 스낵이 좋아!
❷ 그 영화는 아무런 반전도 없는 (민밋한 / 밋밋한) 영화야.

> **참고** 한 단어 안에서 같은 음절이나 비슷한 음절이 겹쳐 나는 부분은 같은 글자로 적
> 는다. (딱딱, 쌕쌕, 누누이, 쌉쌀하다 등)
> 관련조항 - 한글맞춤법 3장 6절 13항

126

째 : 그대로, 또는 전부의 뜻을 더하는 접미사

지난 밤 때 아닌 돌풍으로 뿌리째 뽑힌 가로수들이 길에 쓰러져 있습니다.
사과를 껍질째 먹으면 영양가가 더 높다.

알쏭달쏭 풀어보기

❶ 닭을 (통째 / 통채)로 굽다.
❷ 나는 책상에 엎드린 (째로 / 채로) 잠이 들었다.

> **참고** '째'는 그대로 또는 전부의 뜻을 더하는 접미사이고 '채'는 이미 있는 상태 그대
> 로 있다는 뜻을 나타내는 의존명사로 '-은/는 채' 구성으로 쓰인다.
> 관련조항 - 표준어규정 2장 4절 17항

찌개 : 뚝배기나 작은 냄비에 국물을 넣어 고기 · 채소 따위를 넣고, 된장 · 고추장 등의 갖은 양념을 하여 끓인 반찬

127

할머니께서 끓여 주시는 찌개는 언제 먹어도 항상 똑같은 맛입니다.

어머니는 여러 가지 재료를 마구 섞어서 찌개를 끓이셨는데 맛이 좋았다.

알쏭달쏭 풀어보기

❶ 엄마는 밤늦게 들어오신 아빠를 위해 (찌개 / 찌게)를 데우고 밥상을 차렸습니다.

❷ 책상 위에 서류 (집개 / 집게)가 있다.

참고 가리개, 깔개, 날개, 덮개 등 / 족집게, 지게, 집게 등

차이다 : '차다'의 피동사

128

축구를 하던 철민이는 상대편 선수에게 정강이를 차여 부상을 당했습니다.

그의 발길질에 차인 공은 멀리 운동장 밖으로 날아가 버렸습니다.

알쏭달쏭 풀어보기

❶ 그는 제대를 앞두고 애인에게 (차였다 / 채었다).

❷ 팔을 (차는 / 채는) 바람에 들고 있던 책을 떨어뜨렸다.

참고 채다는 갑자기 세게 잡아당기다는 뜻이다. 채이다는 차이다의 잘못된 표기이다.

창피 : 체면 깎일 일을 당하여 부끄러움

나는 친구에게 집에서 있었던 일을 창피하여 말할 수가 없었다.

나보다 어린 아이에게 달리기에서 졌다는 것이 몹시 창피하였습니다.

알쏭달쏭 풀어보기

❶ 너무 (창피 / 챙피)해서 쥐구멍이라도 찾고 싶은 심정이다.

❷ 저런 (놈팡이 / 놈팽이)는 가까이 하지 마라.

> **참고**
>
> 놈팡이는 사내를 낮잡아 이르는 말로 'ㅣ' 모음 역행동화하여 놈팽이로 표현하는
> 것은 잘못이다. (창피, 놈팡이, 곰팡이, 아지랑이, 지팡이 등)
> 관련조항 – 표준어규정 2장 2절 9항

천둥소리 : 천둥이 칠 때 나는 소리

아이는 천둥소리에 놀라 잠에서 깨어 울기 시작했다.

산 너머에서 별안간 천둥소리가 들려왔다.

알쏭달쏭 풀어보기

❶ 나는 간밤의 (천둥소리 / 천동소리)에
잠에서 깨어나다.

❷ (우렛소리 / 천둥소리)에 창문이
심하게 흔들렸다.

천장 : 방의 윗부분, 즉 반자의 겉면

131

할아버지는 반듯이 누워 천장만 멍하니 쳐다보고 계셨다.

시골에 가면 천장에 메주를 달아 놓는다.

알쏭달쏭 풀어보기

❶ 책상에 올라서서 (천장 / 천정)에 붙은 전구를 갈아 끼웠다.

❷ 물가가 (천장부지 / 천정부지)로 치솟다.

> **참고** 단, 천장을 알지 못한다는 뜻의 **천정부지**는 널리 쓰이므로 표준어로 인정한다.

케케묵다 : 물건 따위가 아주 오래되어 낡다 또는 일, 지식 따위가 아주 오래되어 시대에 뒤떨어진 데가 있다

132

할아버지는 케케묵은 옷을 꺼내 입고 뒷마당으로 나가셨다.

창고에는 케케묵은 재고가 가득하다.

알쏭달쏭 풀어보기

❶ 그의 (케케묵은 / 케케먹은) 생각은 나를 힘들게 한다.

❷ 더운 날씨에 아기의 엉덩이가 (짓무르다 / 짓물다).

> **참고** 비슷한 발음의 몇 형태가 쓰일 경우 그 의미에 아무런 차이가 없고 그 중 하나가 더 널리 쓰이면 그 한 형태만을 표준어로 삼는다.
> 관련조항 – 표준어규정 2장 4절 17항

토박이 : 대대로 그 땅에서 나서 오래도록 살아 내려오는 사람

133

아버지는 서울 토박이다.
내가 이곳 토박이니 길을 안내하겠소.

알쏭달쏭 풀어보기

❶ 경상도 (토박이 / 토배기)의 사투리가 구수하다.
❷ 그녀는 (한 살배기 / 한 살박이) 아이를 업고 있었다.

> **참고**
> • 박혀 있다 또는 고정되어 있다는 뜻을 더하는 접미사 −박이
>   (오이소박이, 점박이, 차돌박이, 붙박이 등)
> • 그 나이를 먹은 아이 또는 그것들이 들어 있거나 차 있음의 뜻을 더하는 접미사 −배기(한 살배기, 두 살배기, 공짜배기, 진짜배기 등)

푸르다 : 맑은 가을 하늘이나 풀의 빛깔과 같이 밝고 선명함

134

높고 푸른 가을 하늘에는 잠자리가 한가로이 날고 있다.
비가 오고 난 후 하늘은 더 푸르고 공기는 상쾌하다.

알쏭달쏭 풀어보기

❶ 앞산은 나날이 (푸름 / 푸르름)을 더해 간다.
❷ (푸르른 / 푸른) 날은 그리운 사람을 그리워하자.

> **참고**
> 형용사 푸르다는 푸름, 푸르니, 푸른이 바른 표현이고 푸르르다는 표준어가 아니다.
> 관련조항 − 표준어규정 2장 4절 17항

풋내기 : 경험이 없어서 일에 서투른 사람

135

나는 네가 풋내기인줄 알았더니 보통이 아니다.

그가 풋내기에게 밀려나는 꼴은 볼 수 없다.

알쏭달쏭 풀어보기

❶ 그는 (풋내기 / 풋나기) 형사에 불과하지만 영민하고 대담하다.

❷ 그 소설은 (신출내기 / 신출나기) 작가의 처녀작이야.

> **참고**
> 'ㅣ'역행 동화 현상에 의한 발음은 원칙적으로 표준 발음으로 인정하지 않지만 예외적으로 동화가 적용된 형태를 표준어로 삼는 단어이다.(풋내기, 냄비, 시골내기 등)
> 관련조항 – 표준어규정 2장 2절 9항, 표준어규정 3장 4절 25항

해님 : '해'를 인격화하여 높이거나 다정하게 이르는 말

136

해님이 서산 너머로 질 무렵이면 마을에는 저녁연기가 피어오른다.

긴 장마가 끝나고 해님이 방긋 웃다.

알쏭달쏭 풀어보기

❶ (해님 / 햇님)이 서쪽 하늘에 지자 곧 어둠이 깔리기 시작한다.

❷ 낡은 운동화로 (빗물 / 비물)이 스며들어 양말을 적셨다.

> **참고**
> 해님은 해+-님이 붙어서 된 낱말로 어근+접미사(-꾸러기, -님, -쟁이 등)로 파생어이다. 파생어에는 사이시옷을 쓰지 않고 빗물은 비+물의 합성어로 [빈물]로 소리 나므로 빗물로 적는다.

햅쌀 : 그 해에 새로 난 쌀

햅쌀로 밥을 지어 윤기가 자르르하다.
할머니는 농사지은 햅쌀로 송편을 만드셨다.

알쏭달쏭 풀어보기

❶ 어머니는 (햇쌀 / 햅쌀)을 쌀독에 담으며 웃으셨다.
❷ (좁쌀 / 조쌀)은 칼슘 함량이 높다.

참고
두 말이 어울릴 적에 'ㅂ' 소리나 'ㅎ' 소리가 덧나는 것은 소리대로 적는다.
관련조항 – 한글맞춤법 4장 4절 31항

틀리기 쉬운 낱말 - **알쏭달쏭 풀어보기 정답**

001 정답 : ❶ 가까워 ❷ 괴로워
002 정답 : ❶ 가는 ❷ 가느다랗다
003 정답 : ❶ 가당찮아서 ❷ 적잖은
004 정답 : ❶ 가동률 ❷ 백분율
005 정답 : ❶ 가득히 ❷ 번번이
006 정답 : ❶ 가랑이 ❷ 아지랑이
007 정답 : ❶ 가로질러 ❷ 가로질린
008 정답 : ❶ 가르다 ❷ 오르다
009 정답 : ❶ 가슴앓이하다 ❷ 젖먹이
010 정답 : ❶ 성글게/성기게 ❷ 버들개지/버들강아지
011 정답 : ❶ 가운데 ❷ 데
012 정답 : ❶ 가으내 ❷ 바느질
013 정답 : ❶ 가을걷이 ❷ 해돋이
014 정답 : ❶ 간판장이 ❷ 멋쟁이
015 정답 : ❶ 갑자기 ❷ 딱지
016 정답 : ❶ 같아 ❷ 새벽같이
017 정답 : ❶ 개울녘 ❷ 새벽
018 정답 : ❶ 걔 ❷ 쟤는
019 정답 : ❶ 거슬리는 ❷ 거슬렸다
020 정답 : ❶ 건널목 ❷ 나들목
021 정답 : ❶ 건더기 ❷ 덤터기
022 정답 : ❶ 거르는 ❷ 걸러
023 정답 : ❶ 게으른 ❷ 게으르다
024 정답 : ❶ 겨우내 ❷ 다달이
025 정답 : ❶ 고갯마루 ❷ 나뭇가지
026 정답 : ❶ 고르기 ❷ 벼르고
027 정답 : ❶ 쇠고기/소고기 ❷ 쪼이다/쬐다
028 정답 : ❶ 곰곰이 ❷ 더욱이
029 정답 : ❶ 곱빼기 ❷ 뚝배기
030 정답 : ❶ 과녁 ❷ 저녁
031 정답 : ❶ 구절 ❷ 글귀
032 정답 : ❶ 굽이 ❷ 미닫이

033 정답 : ❶ 글쎄 ❷ 담뿍

034 정답 : ❶ 글자 ❷ 끝장

035 정답 : ❶ 금새, 금세 ❷ 어느새

036 정답 : ❶ 기다란 ❷ 길게

037 정답 : ❶ 길들여져 ❷ 길들이면

038 정답 : ❶ 깃발[기빨/긷빨] ❷ 뱃전[배쩐/밷쩐]

039 정답 : ❶ 깍쟁이 ❷ 고집쟁이

040 정답 : ❶ 깨끗이 ❷ 솔직히

041 정답 : ❶ 꼬이다 ❷ 졸았다

042 정답 : ❶ 꼴찌 ❷ 산뜻

043 정답 : ❶ 끼어들기 ❷ 잠투정

044 정답 : ❶ 나들이 ❷ 밑천

045 정답 : ❶ 나르고 ❷ 이르다

046 정답 : ❶ 나는 ❷ 녹슨

047 정답 : ❶ 납량 ❷ 쌍룡

048 정답 : ❶ 납작 ❷ 접시

049 정답 : ❶ 낯선 ❷ 낯설었다

050 정답 : ❶ 널따란

051 정답 : ❶ 덩굴/넝쿨 ❷ 딴전/딴청

052 정답 : ❶ 네가 ❷ 내가

053 정답 : ❶ 노을/놀 ❷ 거짓부리/거짓불

054 정답 : ❶ 녹슬어 ❷ 국수

055 정답 : ❶ 높새바람 ❷ 손목시계

056 정답 : ❶ 눈곱 ❷ 꽃잎

057 정답 : ❶ 눈살 ❷ 흉내

058 정답 : ❶ 늘그막 ❷ 나머지

059 정답 : ❶ 늦게 ❷ 늦장/늑장

060 정답 : ❶ 닦다 ❷ 볶는

061 정답 : ❶ 더욱이 ❷ 일찍이

062 정답 : ❶ 덮개/뚜껑 ❷ 설거지통/개수통

063 정답 : ❶ 돌부리 ❷ 짓물렀다

064 정답 : ❶ 동녘 ❷ 녘

065 정답 : ❶ 둑 ❷ 멸치

066 정답 : ❶ 둘러싸여 ❷ 둘러쌓아

067 정답 : ❶ 둘째 ❷ 셋째

068 정답 : ❶ 귀염둥이 ❷ 쌍둥이

069 정답 : ❶ 뒹굴고 ❷ 냠냠거리며

070 정답 : ❶ 들쑥날쑥/들쭉날쭉 ❷ 들락거리는/들랑거리는

071 정답 : ❶ 등쌀 ❷ 등살

072 정답 : ❶ 떠들썩한 ❷ 뭉뚱그려

073 정답 : ❶ 뜨개질 ❷ 본새

074 정답 : ❶ 만듦 ❷ 줄어듦

075 정답 : ❶ 맞히면 ❷ 맞추다

076 정답 : ❶ 먼지떨이 ❷ 재떨이

077 정답 : ❶ 머지않아 ❷ 멀지 않다

078 정답 : ❶ 메마른 ❷ 메떡

079 정답 : ❶ 며칠 ❷ 부리나케

080 정답 : ❶ 무 ❷ 똬리

081 정답 : ❶ 미끄러졌다 ❷ 드러났지만

082 정답 : ❶ 미닫이 ❷ 쇠붙이

083 정답 : ❶ 초등학생 및 ❷ 아침 겸

084 정답 : ❶ 바랐다 ❷ 바랬다

085 정답 : ❶ 발자국 ❷ 발짝

086 정답 : ❶ 배고픈 ❷ 고프니

087 정답 : ❶ 번번이 ❷ 매양, 번번이(복수표준어)

088 정답 : ❶ 별안간 ❷ 짓무르다

089 정답 : ❶ 부엌 ❷ 살쾡이

090 정답 : ❶ 비비며 ❷ 광주리

091 정답 : ❶ 빛깔 ❷ 성깔

092 정답 : ❶ 사뭇 ❷ 얼핏/언뜻

093 정답 : ❶ 사흗날 ❷ 섣부른

094 정답 : ❶ 살코기 ❷ 머리카락

095 정답 : ❶ 서두른/서둔 ❷ 서투르다/서툴다

096 정답 : ❶ 섣달 ❷ 삼짇날

097 정답 : ❶ 소꿉놀이 ❷ 깡충깡충

098 정답 : ❶ 수소 ❷ 숫양

099 정답 : ❶ 시늉말/흉내말 ❷ 서럽다/섧다

100 정답 : ❶ 싫증 ❷ 실증

101 정답 : ❶ 아기 ❷ 아기 곰(각각의 단어)

102 정답 : ❶ 아지랑이 ❷ 오라비

103 정답 : ❶ 안 된다 ❷ 안되다

104 정답 : ❶ 안성맞춤 ❷ 맞추다

105 정답 : ❶ 알맞은 ❷ 걸맞은

106 정답 : ❶ 알아맞혔다 ❷ 알아맞혀

107 정답 : ❶ 애 ❷ 얘

108 정답 : ❶ 어저께/어제 ❷ 들랑날랑/들락날락

109 정답 : ❶ 얼루기 ❷ 두드러기

110 정답 : ❶ 엊그제 ❷ 갖가지

111 정답 : ❶ 여물어/영글어 ❷ 어린순/애순

112 정답 : ❶ 연거푸 ❷ 거푸

113 정답 : ❶ 예쁘고 ❷ 예쁜

114 정답 : ❶ 오랫동안 ❷ 오랜만에

115 정답 : ❶ 올바른 ❷ 옳으니

116 정답 : ❶ 욕심꾸러기/욕심쟁이 ❷ 버러지/벌레

117 정답 : ❶ 우레 ❷ 우레/천둥(복수 표준어)

118 정답 : ❶ 웬일 ❷ 왠지

119 정답 : ❶ 윗마을 ❷ 윗입술

120 정답 : ❶ 으레 ❷ 미루나무

121 정답 : ❶ 임 ❷ 님

122 정답 : ❶ 자그마치 ❷ 국수

123 정답 : ❶ 조그마한/조그만 ❷ 조그마하다

124 정답 : ❶ 졸리다 ❷ 본새

125 정답 : ❶ 짭짤한 ❷ 밋밋한

126 정답 : ❶ 통째 ❷ 채로

127 정답 : ❶ 찌개 ❷ 집게

128 정답 : ❶ 차였다 ❷ 채는

129 정답 : ❶ 창피 ❷ 놈팡이

130 정답 : ❶ 천둥소리 ❷ 우렛소리/천둥소리

131 정답 : ❶ 천장 ❷ 천정부지

132 정답 : ❶ 케케묵은 ❷ 짓무르다

133 정답 : ❶ 토박이 ❷ 한 살배기

134 정답 : ❶ 푸름 ❷ 푸른

135 정답 : ❶ 풋내기 ❷ 신출내기

136 정답 : ❶ 해님 ❷ 빗물

137 정답 : ❶ 햅쌀 ❷ 좁쌀

PART 2

우리가 잘 모르고 쓰는
혼동하기 쉬운 낱말

가르치다 · 가리키다

가르치다	뜻 지식이나 기능, 이치 따위를 깨닫거나 익히게 하다
	● 영어 마을에서는 원어민 교사가 영어를 가르친다.
	● 그녀는 외국인에게 길을 친절하게 가르쳐 주었다.
가리키다	뜻 손가락 따위로 어떤 방향이나 대상을 집어서 보이거나 말하거나 알리다
	● 시계의 시침이 다섯 시를 가리키고 있다.
	● 그는 손가락으로 조용히 형의 어깨에 앉은 잠자리를 가리켰다.

알쏭달쏭 풀어보기

❶ 선생님께서는 우리에게 정직하게 살라고 (가르치셨다 / 가리키셨다).

❷ 아버지는 손가락으로 강 건너 소나무를 (가르쳤다 / 가리켰다).

▶ **가르키다**는 잘못된 표현으로 가르켜 주세요가 아닌 가르쳐 주세요가 바른 표현이다.

개발 · 계발

개발	뜻 토지나 천연자원 따위를 유용하게 만듦, 지식이나 재능 따위를 발달하게 함
	● 치료 약품의 개발에 주력하고 있다.
	● 낱말 맞추기 퍼즐은 지능 개발을 위한 프로그램이다.
계발	뜻 슬기나 재능, 사상 따위를 일깨워 줌
	● 독서는 어린이의 사고력 계발에 도움이 되다.
	● 그는 그녀는 자신의 약점을 보완하기보다 장점 계발에 노력했다.

❶ 그곳은 유적이 발견되어 (개발 / 계발)이 멈춘 상태야!

❷ 평소 자기 (개발 / 계발)에 꾸준한 사람은 기회를 놓치지 않는다.

▶ 개발과 계발은 모두 상태를 개선해 나간다는 점에서 공통점이 있고 개발이 더 폭 넓은 의미를 가진다.
자기 계발(○) 자기 개발(○) / 도시 계발(×) 도시 개발(○)

거름 · 걸음

	뜻 식물이 잘 자라도록 땅을 기름지게 하기 위하여 주는 물질
거름	• 나무가 잘 자라도록 거름을 주었다.
	• 계분(닭의 배설물)을 모아 거름으로 쓰면 식물이 잘 자란다.
	뜻 두 발을 번갈아 옮겨 놓는 동작
걸음	• 나는 소리 내지 않으려고 한 걸음 한 걸음 조심조심하며 걸었다.
	• 아버지는 걸음이 빠르다.

알쏭달쏭 풀어보기

❶ 나는 어머니를 두어 (거름 / 걸음) 뒤에서 따라갔다.

❷ 우사에서 나온 소똥을 모아 밭의 (기름 / 걸음)으로 사용한다.

▶ 거름은 본뜻에서 멀어진 것으로 소리 나는 대로 적는다.
관련조항 – 한글맞춤법 4장 3절 19항

• 정답 – ❶ 가르치셨다 ❷ 가리켰다
• 정답 – ❶ 개발 ❷ 개발/계발
• 정답 – ❶ 걸음 ❷ 거름

거치다 · 걷히다

거치다	뜻 오가는 도중에 어디를 지나거나 들르다 또는 무엇에 걸리거나 막히다
	• 나는 거실을 거쳐 작은방으로 들어갔다.
	• 우리 팀은 예선을 거쳐 결선에 올라갔다.
걷히다	뜻 구름이나 안개 따위가 흩어져 없어지다
	• 이른 새벽 집 밖으로 나오자 어둠이 걷힌 거리에는 가로등만이 희미한 빛을 내고 있다.
	• 도로에는 안개가 활짝 걷혔다.

알쏭달쏭 풀어보기

❶ 오랜 장마가 (거치고 / 걷히고) 무더위가 시작되었다.

❷ 농산물들은 농산물 시장을 (거쳐 / 걷혀) 소비자에게 판매된다.

▶ 거치다는 경유의 의미를 갖고 걷히다는 수거의 의미를 갖는다.
　관련조항 – 한글맞춤법 6장 57항

걷잡다 · 겉잡다

걷잡다	뜻 한 방향으로 치우쳐 흘러가는 형세 따위를 붙들어 잡다
	• 이제는 걷잡을 수 없는 상황이야.
	• 소방관들의 노력에도 불길은 걷잡을 수 없이 번져나갔다.
겉잡다	뜻 겉으로 보고 대강 짐작하여 헤아리다.
	• 예산을 겉잡으면 연말에 꼭 문제가 생긴다.
	• 겉잡아도 왕복하는데 세 시간은 걸린다.

❶ 사고 소식을 듣고 눈물이 (걷잡을 / 걷잡을) 수 없이 흘러내렸다.

❷ 쇼핑한 물건을 (걷잡아 / 겉잡아) 계산해 봐라!

▶ 걷잡다는 주로 걷잡을 수 없다 또는 걷잡지 못하다로 표현한다.

그을리다 · 그슬리다

그을리다	뜻 '그을다'의 사동사. 햇볕이나 불, 연기 따위를 오래 쬐어 검게 되다
	● 그녀는 햇볕에 그을려 건강해 보였어!
	● 연기에 그을린 굴뚝은 도시에선 볼 수 없는 모습이다.
그슬리다	뜻 '그슬다'의 사동사. 불에 겉만 약간 타게 하다
	● 앞머리가 불에 그슬리다.
	● 냄비가 불에 그슬려 새카맣게 되었다.

알쏭달쏭 풀어보기

❶ 얼굴이 (그을리지 / 그슬리지) 않게 모자를 써라!

❷ 고기를 불에 (그을리자 / 그슬리자) 냄새가 진동했다.

• 정답 – ❶ 걷히고 ❷ 거쳐
• 정답 – ❶ 걷잡을 ❷ 겉잡아
• 정답 – ❶ 그을리지 ❷ 그슬리자

껍데기 · 껍질

껍데기	뜻 달걀이나 조개 따위의 겉을 싸고 있는 단단한 물질 알맹이를 빼내고 남은 물건
	• 과자를 다 먹었으면 껍데기는 버려라!
	• 소라 껍데기를 모아 목걸이를 만들고 있다.
껍질	뜻 딱딱하지 않은 물체의 겉을 싸고 있는 질긴 물질의 켜
	• 그녀는 양파 껍질을 벗기면서 울고 있었다.
	• 말린 귤껍질은 훌륭한 차가 된다.

알쏭달쏭 풀어보기

❶ 나전칠기는 얇게 간 조개(껍데기 / 껍질)를 장식한 거야.

❷ 감자를 삶은 후에 (껩데기 / 껩질)을 벗겨 먹다.

▶ 껍데기는 의미상 **깨다**와 자연스럽고 껍질은 **까다, 벗기다**와 자연스럽다.

꼬리 · 꽁지

꼬리	뜻 동물의 꽁무니나 몸뚱이의 끝에 붙어서 나와 있는 부분, 어떤 무리의 끝
	• 바둑이는 주인을 만나자 꼬리를 치며 좋아했다.
	• 경찰은 이제 겨우 조직의 꼬리를 잡았을 뿐이다.
꽁지	뜻 새의 꽁무니에 붙은 깃, 사물의 맨 끝을 낮잡아 이르는 말
	• 휘파람새는 꽁지가 둥글고 부리는 선명한 오렌지색이다.
	• 녀석은 꽁지 빠지게 달아났다.

❶ 지붕을 타고 사라지는 고양이의 (꼬리 / 꽁지)가 보였다.

❷ 새끼 강아지는 어미 (꼬리 / 꽁지)만 따라다닌다.

▶ 꽁지는 꼬리를 낮잡아 이르는 의미도 있다.

낮다 · 얕다

낮다	뜻 아래에서 위까지의 높이가 기준이 되는 대상이나 보통 정도에 미치지 못하는 상태에 있다
	우리 마을은 산 중턱에 자리 잡아 다른 곳보다 기온이 낮다. 시골집은 대부분 울타리가 낮다.
얕다	뜻 겉에서 속, 또는 밑에서 위까지의 길이가 짧다
	동네 냇가는 수심이 비교적 얕긴 하지만 물살이 거센 편이므로 위험하다. 물이 얕다고 너무 방심하면 사고 나기 쉽다.

알쏭달쏭 풀어보기

❶ 물은 (낮은 / 얕은) 곳으로 흐른다.

❷ (낮은 / 얕은) 물에 피라미가 여유롭게 놀고 있다.

▶ 낮다의 반대말은 높다이고 얕다의 반대말은 깊다이다.

• 정답 – ❶ 껍데기 ❷ 껍질
• 정답 – ❶ 꼬리 ❷ 꽁지
• 정답 – ❶ 낮은 ❷ 얕은

낳다 · 낫다

낳다	뜻 배 속의 아이, 새끼 등을 몸 밖으로 내놓다
	어떤 결과를 이루거나 가져오다
	● 우리 집 소가 오늘 아침에 송아지를 낳았다.
	● 많은 이익을 낳는 유망 사업으로 뜨고 있어!

낫다	뜻 보다 더 좋거나 앞서 있다, 병이나 상처 따위가 고쳐져 본래대로 되다
	● 감기가 낫는 것 같더니 다시 심해졌다.
	● 문제가 있더라도 학교는 가는 것이 낫다.

알쏭달쏭 풀어보기

❶ 베토벤은 독일이 (낳은 / 나은) 천재적인 음악가 이다.

❷ 그 집은 형보다 아우가 (낳다 / 낫다).

▶ 낫다의 활용형은 나아, 나아서, 나아도, 나아야, 나았다이고 낳다의 활용형은 낳아, 낳으니, 낳는, 낳았다이다.

너머 · 넘어

너머	뜻 높이나 경계로 가로막은 사물의 저쪽. 또는 그 공간
	● 영철이네 집은 언덕 너머 전망이 툭 터진 곳에 자리 잡고 있다.
	● 호수 너머에서 보름달이 떠올랐다.

넘어	뜻 높은 부분의 위를 지나가다, 경계를 건너 지나다
	● 승용차가 중앙선을 넘어 마주오던 트럭과 충돌하여 대형 사고를 일으켰다.
	● 우리 일행은 높은 고지를 넘어 계곡으로 향했다.

❶ 도둑이 담을 (넘어 / 너머) 들어와 물건을 훔쳐 갔다.

❷ 저 산 (넘어 / 너머)에는 긴 강이 흐르고 있다.

▶ 넘어는 동사로 예문 담을 넘어의 의미가 그대로 살아 있는 경우라 할 수 있다.
너머는 명사로 예문 산 너머는 산 뒤에 있는 공간을 가리킨다.

너비 · 넓이

너비	뜻 평면이나 넓은 물체의 가로로 건너지른 거리
	● 아이들은 개울의 너비를 가늠해 보고 훌쩍 개울을 뛰어넘었다.
	● 냇물의 너비를 재다.
넓이	뜻 일정한 평면에 걸쳐 있는 공간이나 범위의 크기
	● 창고는 약 세 평쯤의 넓이로 많은 물건이 쌓여 있다.
	● 방은 두 사람이 겨우 누울 만한 넓이였다.

알쏭달쏭 풀어보기

❶ 측량사들이 도로의 (너비 / 넓이)를 재고 있었다.

❷ 삼각형의 (너비 / 넓이)를 구하는 공식은?

▶ 너비는 폭을 의미하고 넓이는 직사각형의 경우 가로 × 세로로 면적을 의미한다.

● 정답 – ❶ 낳은 ❷ 낫다
● 정답 – ❶ 넘어 ❷ 너머
● 정답 – ❶ 너비 ❷ 넓이

누나 · 누이

누나	뜻 남자가 손위 여자를 이르거나 부르는 말
	● 그 아이는 그녀를 누나같이 따른다.
	● 시간 가는 줄 모르고 누나와 이야기하고 있었다.
누이	뜻 남자가 여자 형제를 이르는 말. 흔히 손아래인 여자를 이른다
	● 그는 병에 걸려 신음하는 누이동생에게 유난히 애정이 깊었다.
	● 그에게는 나이 어린 누이가 둘이나 있다.

알쏭달쏭 풀어보기

❶ (누나 / 누이)는 나보다 세 살 많다.

❷ 내 (누나 / 누이)는 나보다 한 살 어리다.

느리다 · 늘이다 · 늘리다

느리다	뜻 어떤 말이나 행동을 하는 데 걸리는 시간이 길다
	● 저 벽시계는 제 시간보다 10분 정도가 느리다.
늘이다	뜻 본디보다 더 길게 하다. 선 따위를 연장하여 계속 긋다.
	● 평행인 두 직선은 아무리 길게 늘여도 서로 만나지 않는다
늘리다	뜻 물체의 길이나 넓이, 부피 따위가 커지다. 수량, 분량, 시간 따위가 본디보다 많아지다
	● 원활한 통학을 위해 운행 차량 수를 늘리다.

❶ 외국의 인터넷 속도는 정말로 (느리다/늘이다/늘리다).

❷ 15분에서 20분 동안 운동하는 시간을 (느리다/늘이다/늘리다).

❸ 새총의 고무줄을 팽팽하게 (느리다/늘이다/늘리다)

▶ 치마 길이를 늘리다 또는 바짓단을 늘리다 등은 본디보다 커지게 하다를 의미한다.
늘이다는 선의 속성을 지닌 말로 구분하여 표현한다.

다르다 · 틀리다

다르다	뜻 비교가 되는 두 대상이 서로 같지 아니하다
	• 사람마다 생김새나 생각이 서로 다르다.
	• 남한과 북한은 생활 방식이 서로 다르다.
틀리다	뜻 셈이나 사실 따위가 그르게 되거나 어긋나다
	• 아이들은 무엇이 틀렸는지 서로 답을 맞추어 보다.
	• 편지글의 맞춤법이 많이 틀렸다.

알쏭달쏭 풀어보기

❶ 공식을 모르니까 계산이 모두 (틀린 거야 / 다른 거야)!

❷ 같은 자매지만 동생은 언니와 성격이 (틀리다 / 다르다).

▶ 그 말은 사실과 다르다는 그 말과 사실을
비교하는 것으로 틀리다로 표현하면 안 된다.

• 정답 – ❶ 누나 ❷ 누이
• 정답 – ❶ 느리다 ❷ 늘리다 ❸ 늘이다
• 정답 – ❶ 틀린 거야 ❷ 다르다

다리다 · 달이다

다리다	뜻 옷이나 천 따위의 주름이나 구김을 펴기 위하여 다리미나 인두로 문지르다
	● 삼촌은 군복 바지에 줄을 세워 다리다.
	● 어머니는 와이셔츠를 다리미로 다리고 계시다.
달이다	뜻 액체 따위를 끓여서 진하게 만들다
	● 어머니는 아버지의 쾌유를 빌며 약을 정성껏 달이다.
	● 마당에 들어서자 간장 달이는 냄새가 진동을 한다.

알쏭달쏭 풀어보기

❶ 할머니께서 한약을 정성스레 (다리고 / 달이고) 계셨다.

❷ 주름을 펴기 위해 옷을 (다리다 / 달이다).

▶ 한글맞춤법 6장 57항

다치다 · 닫히다 · 닫치다

다치다	뜻 부딪치거나 맞거나 하여 신체에 상처를 입다
	● 계단을 내려가다 아래로 굴러 크게 다치다.
	● 지진으로 많은 사람이 다치는 것을 목격했다.
닫히다	뜻 열린 문짝, 뚜껑, 서랍 따위를 제자리로 가게 하여 막다
	● 열렸던 문이 바람에 닫히다.
	● 교실 문을 닫고 다녀라.

닫치다	뜻 열린 문짝, 뚜껑, 서랍 따위를 꼭꼭 또는 세게 닫다 또는 입을 굳게 다물다
	• 엄마는 화가 나서 문을 세게 닫치고 나갔다.
	• 그는 있는 힘껏 자동차 문을 닫쳤다.

알쏭달쏭 풀어보기

❶ 무거운 짐을 들다가 허리를 (다치다/닫히다/닫치다).

❷ 바람에 방문이 (다쳐서/닫혀서/닫쳐서) 놀랐다.

▶ '닫히다'는 '닫다'의 피동사로 무엇에 의해 닫히는 것을 뜻하고 '닫치다'는 '닫다'의 센 동작을 의미한다.

달리다 · 딸리다

달리다	뜻 '달다'의 피동사로 물건을 일정한 곳에 붙이다
	글이나 말에 설명 따위를 덧붙이거나 보태다
	• 그에게 달린 식구가 열 명이 넘는다.
	• 그 책은 고전문학이라 각주가 많이 달려 있다.
딸리다	뜻 어떤 것에 매이거나 붙어 있다
	• 아버지는 안방에 목욕탕이 딸린 아파트를 구입하기로 하였다.
	• 할머니 댁은 넓은 앞마당이 딸려 있다.

알쏭달쏭 풀어보기

❶ 옛날에는 딸을 시집보낼 때에는 계집종을 (달려/딸려) 보냈다.

❷ 기숙사는 에어컨이 (달려/딸려) 있는 작은 방이다.

▶ 실력이 모자라다는 뜻은 딸리다가 아니라 달리다로 영어 실력이 달려서 걱정이다로 쓴다.

• 정답 – ❶ 달이고 ❷ 다리다
• 정답 – ❶ 다치다 ❷ 닫혀서
• 정답 – ❶ 딸려 ❷ 달려

~던지 · ~든지

~던지	뜻 막연한 의문이 있는 채로 그것을 뒤 절의 사실이나 판단과 관련시키는 데 쓰는 연결 어미
	● 어제는 얼마나 춥던지 손이 곱아 펴지지 않았다.
	● 동생은 장난감이 신기했던지 더 이상 울지 않았다.
~든지	뜻 나열된 동작이나 상태, 대상들 중에서 무엇을 선택할 때 쓴다
	● 밥을 먹든지 말든지 네 마음대로 해라.
	● 나는 과일이라면 무엇이든지 다 좋아한다.

알쏭달쏭 풀어보기

❶ 얼마나 (울었든지 / 울었던지) 눈이 퉁퉁 부었다.

❷ 공부를 (하든지 놀든지 / 하던지 놀던지) 네 마음대로 해라.

▶ -던지는 지난 사실을 돌이켜 서술하며, -든지는 대상들 중에서 어느 것이든 선택될 수 있음을 나타낸다.

두껍다 · 두텁다

두껍다	뜻 두께가 보통의 정도보다 크다
	● 그런 거짓말을 하다니 얼굴이 두꺼운 녀석이구나.
	● 날씨가 차가우니 옷을 두껍게 입어라.
두텁다	뜻 신의, 믿음, 관계, 인정 따위가 굳고 깊다
	● 그에 대한 상사의 신임은 두터웠다.
	● 그 선생님은 신앙이 두텁고 신망이 높은 사람이다.

알쏭달쏭 풀어보기

❶ 그 집안은 형제 자매간의 우애가 매우 (두텁다 / 두껍다).

❷ 언니는 사과의 껍질을 너무 (두텁게 / 두껍게) 깎는다.

▶ 두텁다는 힘이나 뜻을 강하게 하다 또는 수준을 높게 하다와 같은 뜻을 나타낼 때 쓸 수 있다. 두껍다는 두께를 나타내는 것으로 다리가 두껍다라는 표현은 잘못된 것으로 굵기를 나타내는 다리가 굵다, 다리가 가늘다 등으로 표현한다.

띠다 · 띄다

띠다	뜻 (용무나 직책, 사면 따위를)가지다. (빛깔을)조금 가지다
	• 그는 모종의 임무를 띠고 유럽으로 날아갔다.
	• 그녀는 푸른빛을 띤 드레스를 입고 있다.
띄다	뜻 '뜨이다'의 준말이다
	• 그는 돈 이야기가 나오니 귀가 번쩍 띄었다.
	• 우리 집은 눈에 띄는 파란 대문이야.

알쏭달쏭 풀어보기

❶ 요즘 들어 형의 행동이 눈에 (띄게 / 띠게) 달라졌다.

❷ 그녀는 만면에 미소를 (띄고 / 띠고) 무대에 등장했다.

▶ 띠다는 물건을 몸에 지니다 또는 표정이나 감정을 나타내는 의미도 있다. 띄다는 눈에 보인다, 두드러지다 등의 의미를 지녔다.

• 정답 – ❶ 울었던지 ❷ 하든지 놀든지
• 정답 – ❶ 두텁다 ❷ 두껍게
• 정답 – ❶ 띄게 ❷ 띠고

~로서 · ~로써

~로서	뜻 지위나 신분, 자격을 나타내는 격 조사
	● 그녀는 친구로서는 좋으나, 애인으로서는 부족한 점이 많다.
	● 학생으로서 본분을 지키도록 해라.
~로써	뜻 어떤 일의 수단이나 도구를 나타내는 격 조사
	● 우리들은 대화로써 오해를 푸는 것이 좋다.
	● 콩으로써 메주를 쑨다고 해도 믿지를 않는다.

알쏭달쏭 풀어보기

❶ (말로써 / 말로서) 천 냥 빚을 갚는다는 속담이 있다.

❷ 그것은 내 (자식으로써 / 자식으로서) 할 일이 아니다.

▶ -로써와 -로서를 구분하기 어려운 경우 -로써 대신에 -를 써서, -를 가지고 등에 자연스러운
  지 생각해 본다.

마치다 · 맞히다

마치다	뜻 어떤 일이나 과정, 절차 따위가 끝나다
	● 이 프로젝트를 마치고 나면 당분간은 집에서 쉴 계획이다.
	● 나는 오늘 오전까지 이 일을 다 마쳐야 한다.
맞히다	뜻 침, 주사 따위로 치료를 받다, 쏘거나 던져 한 물체가 어떤 물체에 닿다
	● 그녀는 아기에게 정기적으로 예방주사를 맞혔다.
	● 잘 겨냥하는 건 충분치 않고 과녁을 잘 맞혀야 한다.

❶ 이 과제를 (마치는 / 맞히는) 데는 하루가 걸릴 것이다.

❷ 화분에 눈을 (마치지 / 맞히지) 말고 안으로 들여놓아라.

▶ '마치다'는 끝맺다, 종결하다는 의미이고 '맞히다'는 '맞다'의 사동사로 좋지 않은 일을 당하다
는 의미도 있다.(왜 그 사람을 바람 맞혔니?)

무르다 · 물리다

무르다	뜻 여리고 단단하지 않다, 마음이 여리거나 힘이 약하다
	• 비가 온 뒤 무른 반죽처럼 땅이 질척거리다.
	• 마음이 그렇게 물러서야 어떻게 이 험한 세상을 살까?
물리다	뜻 다시 대하기 싫을 만큼 몹시 싫증이 나다
	• 할아버지에게 그 이야기를 물릴 만큼 들었어.
	• 자장면을 일주일 동안 먹었더니 이젠 물린 것 같아.

알쏭달쏭 풀어보기

❶ 아무리 좋은 구경이라도 밤낮 보면 (물리고 / 무르고) 만다.

❷ 금식 후에는 (물린 / 무른) 음식부터 먹어라.

▶ 무르다는 반환하다는 의미의 물건에 하자가 있으니
물러 주시오로 표현할 수 있고, 물리다는 갚아야
할 것을 치르다는 의미의 국민에게 세금을 물리다란
뜻도 있다.

• 정답 – ❶ 말로써 ❷ 자식으로서
• 정답 – ❶ 마치는 ❷ 맞히지
• 정답 – ❶ 물리고 ❷ 무른

묶다 · 매다 · 메다

묶다	🗟 (새끼나 끄나풀 따위로) 단을 지어 잡아매다
	● 그녀는 머리에 두 개의 파란색 실크 리본을 묶고 있었다.
	● 도둑들이 밧줄로 경비원의 두 발을 함께 묶었다.
매다	🗟 풀어지지 아니하게 마디를 만들다
	● 아버지는 외출을 위해 셔츠를 입고 넥타이를 매었다.
	● 안전벨트를 반드시 매야 하는 것에는 많은 이유가 있다.
메다	🗟 어깨에 걸치거나 올려놓다, 어떤 책임을 지거나 임무를 맡다
	● 그녀는 초록색 배낭을 메고 있다.
	● 청소년은 이 나라의 장래를 메고 갈 사람들이다.

알쏭달쏭 풀어보기

❶ 정부는 은행 부실을 대비해 가계 대출을 (묶기 / 매기 / 메기) 시작했다.

❷ 형은 그 일에 목을 (묶고 / 매고 / 메고) 있다.

❸ 합격 소식에 가슴이 (묶었다 / 매었다 / 메었다).

▶ 묶다는 묶음으로 만드는 동작 외에 법령 등으로 금지하거나 제한하다는 뜻도 있다. 매다는 어떤 데에서 떠나지 못하다 또는 값이나 등수를 정하다에 쓴다. 막히다, 감정이 북받치다, 장소에 가득 차다는 메다이다.

~박이 · ~배기

~박이	🗟 무엇이 박혀 있는 사람이나 짐승, 물건이라는 뜻을 더하는 접미사
	● 그가 웃을 때 금니박이가 보였다.
	● 그녀는 덧니박이를 싫어하지만 난 매력적이라고 생각해!

~배기	🈺 '그 나이를 먹은 아이'의 뜻을 나타내는 접미사
	● 두 살배기 아기는 벌써 아장아장 걷기 시작한다.
	● 아우가 생긴 세 살배기가 의젓하게 앉아있는 모습이 귀여워!

알쏭달쏭 풀어보기

❶ 언니는 한 살(배기 / 박이) 아기를 업고 집으로 왔다.

❷ 점(배기 / 박이) 강아지가 눈밭을 이리저리 뛰어다닌다.

▶ 박혀 있다는 뜻의 오이소박이, 차돌박이, 장승박이, 붙박이

반드시 · 반듯이

반드시	🈺 틀림없이 꼭
	● 이번 해에는 원하시는 소원이 반드시 이루어지길 빕니다.
	● 진실은 반드시 밝혀진다.
반듯이	🈺 생각이나 행동 따위가 비뚤어지거나 기울거나 굽지 아니하고 바르게
	● 영수는 책상 앞에 반듯이 앉아서 선생님의 설명을 들었다.
	● 그는 의자에 반듯이 앉은 자세로 교과서를 읽어 나갔다.

알쏭달쏭 풀어보기

❶ 지진이 일어난 뒤에는 (반드시 / 반듯이) 여진이 발생한다.

❷ 그녀는 면접을 보려고 긴 머리를 (반드시 / 반듯이) 묶었다.

● 정답 – ❶ 묶기 ❷ 매고 ❸ 메었다
● 정답 – ❶ 배기 ❷ 박이
● 정답 – ❶ 반드시 ❷ 반듯이

발자국 · 발자취

발자국	뜻 발로 밟은 자리에 남은 모양, 발을 한 번 떼어 놓는 걸음을 세는 단위
	● 사람들의 발자국 소리에 놀랐는지 개 짖는 소리가 마을 어귀에까지 들렸다.
	● 그는 너무 놀라 몇 발자국 뒤로 물러서다.
발자취	뜻 발로 밟고 지나갈 때 남는 흔적
	● 거리에는 벌써 사람의 발자취가 뜸해지고 상점들은 문을 닫기 시작했다.
	● 근대사에서 경제 성장의 발자취를 돌이켜 본다면 우리 민족의 저력을 느낄 수 있다.

알쏭달쏭 풀어보기

❶ 우리 민족의 (발자국 / 발자취)를 돌이켜 보았다.

❷ 눈이 내린 마당에는 강아지 (발자국 / 발자취)이 나 있다.

배다 · 베다

배다	뜻 배 속에 아이나 새끼를 가지다, 스며들거나 버릇이 되어 익숙해지다
	● 바둑이가 새끼를 배어 배가 불룩하다.
	● 일이 손에 배면서 불량이 줄어들었다.
베다	뜻 날이 있는 연장 따위로 무엇을 끊거나 자르다
	누울 때 베개 따위로 머리에 받치다
	● 종이에 살을 베이는 경우도 허다하다.
	● 할머니의 무릎을 베고 누워 있으니 잠이 쏟아졌다.

❶ 운동을 한 후 그의 옷에는 땀이 (배어 / 베어) 있다.

❷ 사과를 한입 (배어 / 베어) 먹다.

▶ 옷이 땀에 배이다는 잘못된 표현으로 옷이 땀에 배다로 쓴다.

벌리다 · 벌이다

벌리다	뜻 둘 사이를 넓히거나 멀게 하다. 열어서 속의 것을 드러내다
	• 아이는 두 팔을 활짝 벌려 엄마에게로 뛰어 간다.
	• 밤송이를 벌리고 알밤을 꺼냈다.
벌이다	뜻 (일을) 베풀어 놓다. (가게를) 차리다. (물건을) 늘어놓다
	• 학생들이 일본 대사관 앞에서 항의 시위를 벌이고 있다.
	• 그녀는 좌판을 벌여 놓고 직접 만든 액세서리를 판다.

알쏭달쏭 풀어보기

❶ 그는 너무 놀라서 (벌린 / 벌인) 입을 다물지 못했다.

❷ 경찰은 범죄와의 전쟁을 (벌린다고 / 벌인다고) 경고했다.

▶ 간격, 가랑이, 자루 등은 벌리다로 잔치, 장기판, 좌판, 논쟁 등은 벌이다를 쓴다.

• 정답 – ❶ 발자취 ❷ 발자국
• 정답 – ❶ 배어 ❷ 베어
• 정답 – ❶ 벌린 ❷ 벌인다고

보존 · 보전

보존	뜻 잘 보호하고 간수하여 남김. (유물, 영토 등)
	● 유물의 안전과 보존을 위해 항온 항습 시설이 갖춰진 수장고에 보관된다.
	● 그 족자는 추사 김정희 선생님의 작품으로 보존 상태가 좋다.
보전	뜻 온전하게 보호하여 유지함. (환경, 생태계 등)
	● 생태계 보전을 위한 다각적인 노력이 수반되다.
	● 전쟁터에서 겨우 목숨을 보전하다.

알쏭달쏭 풀어보기

❶ 국토의 개발과 (보존 / 보전)을 합리적으로 조화시키다.

❷ 문화는 역사와 마찬가지로 (보존 / 보전)되어야 할 가치가 있다.

▶ 보전과 보존은 무엇을 지킨다는 공통적 의미를 지녔다. 대부분 **문화재 보존**과 같이 쓰는 것은 훼손될 우려에서 지킨다는 의미이고 **생태계 보전**은 현재와 같은 상태로 유지하다는 의미를 가진다.

봉우리 · 봉오리

봉우리	뜻 산에서 뾰족하게 높이 솟은 부분
	● 산봉우리에 올라선 우리들은 놀라운 장관에 환성을 질렀다.
	● 히말라야 산맥에는 아직까지도 정복되지 않은 봉우리가 많다고 한다.
봉오리	뜻 망울만 맺히고 아직 피지 아니한 꽃
	● 봄이 오자 길가의 개나리꽃은 어느새 봉오리를 터뜨리고 있다.
	● 매화꽃 봉오리가 막 터질 듯 부풀어 있었다.

❶ 진달래꽃 (봉우리 / 봉오리)가 맺혔다.
❷ 기묘한 금강산의 1만 2천 (봉우리 / 봉오리).

부수다 · 부시다

부수다	🞲 단단한 물체를 여러 조각이 나게 두드려 깨뜨리다
	• 그는 열쇠를 잃어버려서 문을 **부수고** 집 안으로 들어가야 했다.
	• 열대성 저기압은 계곡과 마을을 휘돌면서 자연과 인조물을 가리지 않고 **부수었다**.
부시다	🞲 빛이나 색체가 강렬하여 마주 보기가 어려운 상태를 말한다
	• 강한 불빛 때문에 눈이 **부시어** 잠시 앞을 볼 수가 없었다.
	• 밤새 내린 눈에 눈이 **부시어** 눈을 뜰 수가 없다.

❶ 아이들이 울타리를 때려 (부수었다 / 부시었다).
❷ 눈이 (부수어 / 부셔서) 신호를 보지 못했습니다.

▶ 부수다의 과거형 부수었다→부쉈다와
  부시다의 과거형 부시었다→부셨다

• 정답 – ❶ 보전 ❷ 보존
• 정답 – ❶ 봉오리 ❷ 봉우리
• 정답 – ❶ 부수었다 ❷ 부셔서

부치다 · 붙이다

부치다

> 뜻 편지나 물건 따위를 일정한 수단이나 방법을 써서 상대에게 보내다

- 우체국을 들러 부모님께 편지를 부치고 왔다.
- 학교에서 집으로 성적표를 부치다.

붙이다

> 뜻 맞닿아 떨어지지 아니하다

- 그는 자신의 책상을 그녀의 책상과 붙이고 공부를 같이 하고 싶어 했다.
- 그들은 도로변 건물 곳곳에 포스터를 붙이고 다녔다.

알쏭달쏭 풀어보기

❶ 편지 봉투에 우표를 (붙이다 / 부치다).

❷ 서울에 있는 아들에게 학비와 용돈을 (붙이다 / 부치다).

▶ 어떤 일을 거론하거나 문제로 삼지 않다 → 회의 내용을 극비에 부치다
  조건, 이유, 구실 따위가 따르다 → 계약 조건을 붙이다, 구실을 붙이다 등으로 쓴다.

빛 · 볕

빛

> 뜻 시각 신경을 자극하여 물체를 볼 수 있게 하는 일종의 전자기파

- 선생님의 말을 들은 아이들의 눈에서는 반짝반짝 빛이 났다.
- 맑은 날에는 바다의 빛이 더 푸르게 보인다.

볕

> 뜻 해가 내리쬐는 뜨거운 기운

- 여름 볕에 그을린 피부는 그녀를 더욱 탄력 있고 아름답게 보이게 했다.
- 농부는 뙤약볕 아래서 땀을 흘리며 일했다.

알쏭달쏭 풀어보기

❶ 해수욕장의 머리 위에 내리쬐는 (빛 / 볕)은 가히 살인적이었다.

❷ 전등을 끄자 지하실의 작은 창틈으로 강한 (빛 / 볕)이 새어 들어왔다.

▶ 빛에는 표정이나 눈, 몸가짐에서 나타나는 기색이나 태도 또는 무엇을 느끼게 하는 분위기란 의미도 있다. (난처한 빛을 띠다, 쓸쓸한 빛이 감돌았다 등으로 표현)

시키다 · 식히다

시키다	뜻 어떤 일이나 행동을 하게 하다
	• 그녀는 웨이터에게 카레라이스를 시켰습니다.
	• 그는 그의 부모님이 시키는 대로 모든 것을 한다.
식히다	뜻 식게 하다
	• 사람들은 무더운 날에는 더위를 식히려고 나무 그늘 밑으로 모인다.
	• 음식이 뜨거우니 식혀서 드세요.

알쏭달쏭 풀어보기

❶ 싫다는데 억지로 (시키지 / 식히지) 마라.

❷ 더운 날씨에 땀을 흘리는 것은 피부의 열을 (시켜 / 식혀) 주는 역할을 한다.

• 정답 – ❶ 붙이다 ❷ 부치다
• 정답 – ❶ 볕 ❷ 빛
• 정답 – ❶ 시키지 ❷ 식혀

시험 · 실험

시험	똇 재능이나 실력 따위를 일정한 절차에 따라 검사하고 평가하는 일
	● 우리나라 학생들은 시험지옥에서 산다.
	● 그는 드디어 대학 입학시험에 합격했다.
실험	똇 실제로 해 봄. 또는 그렇게 하는 일
	● 생물 반 학생들은 실험대 위에 개구리를 올려놓고 실험을 시작했다.
	● 이론을 실제로 증명하기 위해서는 수많은 실험이 필요하다.

알쏭달쏭 풀어보기

❶ 수능 (시험 / 실험) 문제가 예년에 비해 쉽게 나왔다.

❷ 학생들은 (시험 / 실험)을 마치고 일지를 작성했다.

▶ 새로 만들어진 약, 비행기 등을 파악하는 행위의 임상 시험, 시험비행 등이 있고
기대했던 현상이 일어나는지 여부를 조사하는 일의 동물 실험, 폭발 실험 등이 있다.

안 (하다) · 않다

안(하다)	똇 '아니'의 준말이다
	● 그들은 화가 나서 서로 아는 체도 안 했다.
	● 훈이는 숙제도 안 하고 친구들과 돌아다녔다.
않다	똇 어떤 행동을 안 하다. 앞말이 뜻하는 행동을 부정하는 뜻을 나타냄
	● 부모에 대한 지나친 의존은 좋지 않다.
	● 에어컨이 달려 있지 않은 식당에는 가고 싶지 않다.

알쏭달쏭 풀어보기

❶ 아무 이유 없이 결석해서는 (안 / 않) 된다.

❷ 과음은 건강에 좋지 (안다 / 않다).

▶ 안은 아니의 줄임말로 서술어를 수식할 수 있으며 않은 동사나 형용사에 붙어 부정의 뜻을 더하는 보조용언 「아니하-」의 준말이다.

안치다 · 앉히다

안치다	뜻 삶거나 끓이기 위해 냄비나 시루에 넣다 ● 전기밥솥은 쌀만 안치면 저절로 밥이 됩니다. ● 그는 쌀을 여러 번 씻은 뒤 냄비에 안쳤다.
앉히다	뜻 (앉다의 사동사) 앉게 하다 ● 승무원들은 승객들을 자리에 앉히고 있었다. ● 어머니는 그를 컴퓨터 앞에 앉혔다.

알쏭달쏭 풀어보기

❶ 유아들은 유아용 의자에 안전하게 (앉혀야 / 안쳐야) 한다.

❷ 할머니는 시루에 떡을 (앉히고 / 안치고) 계셨다.

▶ 안치다와 앉히다는 구별해서 적는다.

• 정답 – ❶ 시험 ❷ 실험
• 정답 – ❶ 안 ❷ 않다
• 정답 – ❶ 앉혀야 ❷ 안치고

얇다 · 엷다

얇다	뜻 두께가 두껍지 아니하다
	● 얼음이 너무 얇아 스케이트를 탈 수 없을 것 같다.
	● 그녀는 얇고 하얀 티셔츠를 하나만 입었다.
엷다	뜻 빛깔이 진하지 아니하다 또는 지나치게 드러냄이 없이 있는 듯 없는 듯 가만하다
	● 그녀의 드레스는 엷은 핑크에 작은 꽃무늬가 있다.
	● 선생님의 입가에 엷은 미소가 번졌다.

알쏭달쏭 풀어보기

❶ 그는 한겨울에도 (얇은 / 엷은) 옷차림으로 다닌다.

❷ 그녀는 (얇은 / 엷은) 화장을 좋아한다.

▶ 얇다는 기본적인 뜻 외에 빛깔이 연하다는 뜻의 얇은 연보랏빛 치마 등의 표현이 있고 엷다는 두께가 적다는 표현의 엷은 옷 등으로도 쓰인다.

~오 · 요

~오	뜻 설명, 의문, 명령의 뜻을 나타내는 종결 어미
	● 그들은 새 나라의 어린이오.
	● 아드님이 참 건강하오.
요	뜻 존대의 뜻을 나타내는 보조사
	● 날씨가 흐리더니 비가 오는군요.

알쏭달쏭 풀어보기

❶ 손대지 마시(오 / 요).

❷ 손대지 마세(오 / 요)

▶ 종결형에서 사용되는 어미 –오는 요로 소리 나는 경우에도 원형을 밝혀 오로 적는다(하시오, 보시오, 오시오 등). 요를 쓰자면 존대의 뜻(하세요, 보세요, 오세요 등)으로 쓴다.

옳다 · 맞다

옳다	뜻 사리에 맞고 바르다
	• 너의 말이 옳으니 너의 말에 따르겠다. • 대체 이 노릇을 어떻게 해야 옳다는 말이냐?
맞다	뜻 문제에 대한 답이 틀리지 아니하다 또는 맛, 온도, 습도 따위가 적당하다
	• 내 육감은 잘 맞는 편이다. • 내 답이 틀리고 네 답이 맞다.

알쏭달쏭 풀어보기

❶ 망원경 초점이 (맞지 / 옳지) 않아 잘 보이지 않는다.

❷ 민수의 말이 (맞다 / 옳다).

▶ 맞다는 앞 사람의 말에 동의하는 맞아, 나도 그렇게 생각해와 누구의 소유임이 틀림 없다의 네 가방이 맞니? 등으로도 쓴다.

• 정답 – ❶ 얇은 ❷ 엷은
• 정답 – ❶ 오 ❷ 요
• 정답 – ❶ 맞지 ❷ 옳다

웃~ · 위~

웃~	똣 대응하는 말이 없을 때는 '웃'을 쓰고, 대응하는 말이 있을 때는 '윗'을 쓴다. 예에서처럼 '아래 어른 · 아랫돈' 처럼 대응하는 말이 없을 때는 '웃'을 쓴다
	● 설날에는 설빔으로 단장을 하고 웃어른께 세배를 드립니다. ● 웃돈을 주고 야구 경기 입장권을 샀다.
위~	똣 어떤 기준보다 더 높은 쪽. 다음의 예처럼 '뺨 아래 · 전신주 아래'가 성립하므로 '위'를 쓴다 사잇소리 현상이 나타났을 때(윗마을, 윗도리 등)
	● 높이 솟은 장대 위에는 하얀 깃발이 나부끼고 있었다.

알쏭달쏭 풀어보기

❶ 그녀의 뺨 (웃 / 위)로 눈물이 흘러내렸다.

❷ (웃 / 위)어른을 공경할 줄 알아야 한다.

웬 · 왠지

웬	똣 어찌 된 또는 어떠한
	● 놀이동산에 웬 사람이 그리도 많은지 모르겠다. ● 벌써 사월인데, 웬 눈이 이렇게 내릴까?
왠지	똣 왜 그런지 이유도 모르게 또는 뚜렷한 이유도 없이
	● 그녀는 오늘 처음 만난 사람인데도 왠지 모르게 친근감이 느껴졌다. ● 그녀와 나 사이에는 왠지 모를 간격이 느껴졌다.

112

알쏭달쏭 풀어보기

❶ (웬 / 왠지) 까닭인지 몰라 어리둥절하다.

❷ 오늘은 (웬 / 왠지) 모르게 혼자 집에 가기 싫다.

▶ **왠지**는 의문사 **왜**와 **어미(이)ㄴ지**로 분석되는 말로 **왠지 남처럼 느껴지다**로 쓴다. **웬**은 어찌된 일인지를 묻는 말로 **웬 일이니?**로 쓴다.

이따가 · 있다가

이따가	뜻 조금 지난 뒤에
	• 바쁘니까 이따가 돌아오면 전화한다고 전해줘. • 알았어. 이따가 보자.
있다가	뜻 사람이나 동물이 어느 곳에서 떠나거나 벗어나지 아니하고 머물고 있는 것
	• 그는 한참 동안 조용히 있다가 천천히 말문을 열었다 • 요즘에 앉거나 누워 있다가 일어나면 자주 어지럽다.

알쏭달쏭 풀어보기

❶ 에어컨 가까이에 앉아 (이따가 / 있다가) 감기에 걸렸다.

❷ (이따가 / 있다가) 단둘이 있을 때 얘기하자.

▶ **잠시 후에, 조금 뒤에**의 뜻이면 **이따가**를 **~에 머무르다, ~에 존재하다**의 뜻이면 **있다가**로 쓴다.

• 정답 – ❶ 위 ❷ 웃
• 정답 – ❶ 웬 ❷ 왠지
• 정답 – ❶ 있다가 ❷ 이따가

잃다 · 잊다

잃다	뜻 가졌던 물건이 자신도 모르게 없어져 그것을 갖지 아니하게 되다
	● 영철이는 열 살 때 아버지를 잃고 홀어머니와 어렵게 살아왔습니다.
	● 그는 어려운 가정 형편 때문에 공부할 기회를 잃었다.
잊다	뜻 한번 알았던 것을 기억하지 못하거나 기억해 내지 못하다
	● 부모님께서 나한테 베풀어주신 은혜를 영원히 잊을 수 없을 것이다.
	● 재미있는 얘기에 약속을 잊었다.

알쏭달쏭 풀어보기

❶ 복잡한 지하철에서 지갑을 (잃었다 / 잊었다).

❷ 나는 오늘이 어머니의 생신이라는 것을 깜빡 (잃었다 / 잊었다).

▶ 기억해 내지 못하다의 「잊으신 물건 없이 안녕히 가십시오.」로 표현한다.

작다 · 적다

작다	뜻 길이, 넓이, 부피 따위가 비교 대상이나 보통보다 덜하다
	● 작년에 입던 옷이 이제 작아서 입을 수가 없다.
	● 그녀는 얼굴도 작고 몸집도 작아 예뻤다.
적다	뜻 수효나 분량, 정도가 일정한 기준에 미치지 못하다
	● 새벽에는 사람이 적어서 자유롭게 수영할 수 있어!
	● 로또 복권은 당첨될 확률이 아주 적다.

알쏭달쏭 풀어보기

❶ 해변에는 (작은 / 적은) 돌들이 많이 있다.

❷ 겨울은 낮이 짧아 일조량이 (작다 / 적다).

▶ 쉽게 구별하는 방법은 이에 대응하는 낱말을 보면 알 수 있다.
작다 : 크다 (O) 많다 (X) / 적다 : 많다 (O) 크다(X)

장수 · 장사

장수	뜻 장사하는 사람
	• 옹기장수는 항아리를 팔기 위해 전국을 누비고 다닌다.
	• 종로 거리에는 저녁이 되면 많은 노점 장수들이 나온다.
장사	뜻 이익을 얻으려고 물건을 사서 파는 일
	• 요즘은 불경기라 장사가 잘 안 되어 상인들은 울상이다.
	• 어머니가 장사를 나가시면 우리들은 집안에서만 지내야 했다.

알쏭달쏭 풀어보기

❶ 할머니는 밥(장사 / 장수)로 번 돈을 장학금으로 내놓으셨다.

❷ 그는 종을 딸랑대며 지나가는 두부 (장사 / 장수)를 보고 있었다.

▶ 그는 수박 장사를 해 볼 요량으로
수박 장수에게 장사는 잘 되는지 물어보았다.

• 정답 – ❶ 잃었다 ❷ 잊었다
• 정답 – ❶ 작은 ❷ 적다
• 정답 – ❶ 장사 ❷ 장수

~장이 · ~쟁이

~장이	뜻 기술자에게는 '장이'를 붙이고, 그 외에는 '쟁이'를 붙인다
	• 목수는 집의 골격을 세우고 미장이 벽을 바른다.
	• 할아버지는 독 짓는 옹기장이 중에서도 최고다.
~쟁이	뜻 그것이 나타내는 속성을 많이 가진 사람을 뜻할 때 쓴 접미사이다
	• 분별없이 덤벙대는 용기보다는 차라리 분별 있는 겁쟁이가 더 낫다.

알쏭달쏭 풀어보기

❶ 누나는 서울 생활을 몇 해 하더니 아주 (멋장이 / 멋쟁이)가 다 됐다.

❷ (간판장이 / 간판쟁이)는 건물을 쳐다보며 간판 달 곳을 가늠한다.

▶ 양복장이, 옹기장이, 칠장이, 유기장이 등으로 쓰이고, 욕심쟁이, 떼쟁이, 심술쟁이, 무식쟁이 등으로 쓸 수 있다.

절이다 · 저리다

절이다	뜻 '절다'의 사동사. 소금기나 식초, 설탕 따위가 배어들다, 더러운 물질이 묻거나 찌들다
	• 식초와 설탕에 절인 오이피클은 새콤달콤하다.
	• 기름때로 절어 있는 작업복도 그가 입으니 멋있다.
저리다	뜻 뼈마디나 몸의 일부가 오래 눌려서 피가 잘 통하지 못하여 감각이 둔하다, 뼈마디나 몸의 일부가 쑥쑥 쑤시듯이 아프다
	• 그는 다리가 저려 움직일 수 없었다.
	• 화분을 모두 옮기고 나니 허리가 저리구나!

❶ 무릎을 꿇고 앉아 있으니 금방 다리가 (절어 / 저려) 왔다.

❷ 자반고등어는 소금에 (절인 / 저린) 고등어야!

조리다 · 졸이다

조리다	(뜻) 고기나 생선, 채소 따위를 양념하여 국물이 거의 없게 바짝 끓이다
	● 조린 고등어는 내가 제일 좋아하는 반찬이다.
	● 장조림은 고기를 간장에 조린 음식이다.
졸이다	(뜻) 속을 태우며 초조해하다 또는 찌개, 국, 한약 따위의 분량이 적어지다
	● 합격 발표를 앞두고 가슴을 졸이다.
	● 드라마를 보다가 국이 찌개처럼 졸았다.

알쏭달쏭 풀어보기

❶ 너무 마음 (조리지 / 졸이지) 마. 괜찮을 거야.

❷ 멸치를 꽈리고추와 함께 (조리면 / 졸이면) 맛있다.

▶ 생선 등을 조리다, 국물 등을 졸이다로 쓰면 적합하다.

좇다 · 쫓다

좇다	囤 목표, 이상, 행복 따위를 추구하다. 남의 말이나 뜻을 따르다
	● 우리는 선생님의 말씀을 좇아 고개를 넘었다.
	● 아버지의 유언을 좇아 유산을 삼형제가 나누어 가졌다.
쫓다	囤 어떤 대상을 잡거나 만나기 위하여 뒤를 급히 따르다
	● 웽웽하는 모기를 손을 들어 쫓아 보았지만 아무런 소용이 없었다.
	● 닭 쫓던 개 지붕을 쳐다보는 격이 되어버렸다.

알쏭달쏭 풀어보기

❶ 자신의 이익만 (좇다가 / 쫓다가) 친구를 잃는 사람들도 있다.

❷ 황소가 꼬리를 흔들어 등의 파리를 (좇았다 / 쫓았다).

▶ 사회적 동조 현상이나 경향을 따르는 것으로 유행을 좇다로 표현하고, 어떤 대상을 잡거나 만나기 위한 물리적 공간 이동의 쫓고 쫓기는 추격전 등으로 쓸 수 있다.

주검 · 죽음

주검	囤 죽은 사람의 몸을 이르는 말
	● 아들을 찾겠다고 폭우 속을 헤매던 그녀는 불행이도 주검으로 돌아왔다.
	● 그는 싸늘하게 식어 버린 주검 앞에서 망연자실했다.
죽음	囤 죽는 일. 생물의 생명이 없어지는 현상을 이른다
	● 아들의 목숨을 구하려고 어머니는 죽음을 무릅썼다.
	● 대통령의 죽음은 하루아침에 나라를 발칵 뒤집어 놓았다.

118

알쏭달쏭 풀어보기

❶ 그들은 조국을 위해 (주검 / 죽음)도 불사하다.

❷ 그는 어머니의 (주검 / 죽음) 앞에서 밤새도록 울부짖었다.

튼튼하다 · 든든하다

튼튼하다	뜻 무르거나 느슨하지 아니하고 몹시 야무지고 굳세다
	● 몸이 튼튼해야 공부도 잘할 수 있다.
	● 국가 경제가 튼튼해야 가정 경제도 튼튼하다.
든든하다	뜻 어떤 것에 대한 믿음으로 마음이 허전하거나 두렵지 않고 굳세다 　　뜻이나 생각이 흔들림이 없이 강하고 야무지다.
	● 날씨가 쌀쌀하니 옷을 든든하게 입어라.
	● 밑천은 든든하게 대 줄 테니 무엇이든 열심히 해 봐라.

알쏭달쏭 풀어보기

❶ 긴 여행을 떠나려면 일단 몸이 (튼튼해야 / 든든해야) 한다.

❷ 아침에 밥을 먹었더니 속이 (튼튼하다 / 든든하다).

▶ 든든하다와 튼튼하다는 모두 어떤 사물이 야무지고 실하다는 의미가 있다.
든든한 밧줄 또는 튼튼한 밧줄로 표현할 수 있지만 옷 따위를 잘 갖추어 입거나 마음이 꽉 차 있다는 의미를 나타낼 때는 장성한 아들이 둘이니 마음이 든든하다 처럼 쓰고 몸이 건강하다는 뜻을 나타낼 때에는 몸이 튼튼해야 키도 잘 큰다 처럼 쓴다.

• 정답 – ❶ 좇다가 ❷ 쫓았다
• 정답 – ❶ 죽음 ❷ 주검
• 정답 – ❶ 튼튼해야 ❷ 든든하다

하얗다 · 희다

하얗다	图 깨끗한 눈이나 밀가루와 같이 밝고 선명하게 희다
	● 그녀는 피부색이 유난히 하얗다.
	● 그녀의 머리칼은 하얗게 세어 있었다.
희다	图 눈이나 우유의 빛깔과 같이 밝고 선명하다
	● 그녀의 손은 무척 가늘고 희다.
	● 어머니는 머리에 흰 수건을 두르고 계셨다.

알쏭달쏭 풀어보기

❶ 눈이 내려 온 세상이 (하얗게 / 희게) 변했다.

❷ 고개를 드니 (하얀 / 흰) 구름이 지나가고 있었다.

▶ 하얗다, 희다는 의미에 큰 차이가 없지만 주로 희다는 사물의 색을 하얗다는 사물에 대한 느낌을 나타낸다.

한창 · 한참

한창	图 어떤 일이 가장 활기 있고 왕성하게 일어나는 때
	● 대학가엔 축제가 한창이다.
	● 공사가 한창 진행 중이다.
한참	图 시간이 상당히 지나는 동안
	● 비행기가 연착되어 한참 기다리다.
	● 먼동이 트려면 아직 한참은 더 있어야 한다.

알쏭달쏭 풀어보기

❶ 그는 (한창 / 한참)을 말없이 바라보았다.

❷ 지금이 (한창 / 한참) 붐빌 시각이다.

▶ '한참'은 시간의 흐름을 '한창'은 가장 활발한 시기를 의미한다. '한참을 걸었다' 또는 '진달래가 한창이다'로 쓴다.

햇빛 · 햇볕

햇빛	뜻 해의 빛 또는 세상에 알려져 칭송받는 것을 비유적으로 이르는 말
	• 순간 그녀의 얼굴이 햇빛보다 더 찬란했다. • 오랫동안 준비해 온 원고가 드디어 햇빛을 보게 되었다.
햇볕	뜻 해가 내리쬐는 뜨거운 기운
	• 그는 햇볕이 잘 들고 바람이 잘 통하는 집을 원한다. • 어머니는 이불을 햇볕에 너셨다.

알쏭달쏭 풀어보기

❶ 우리 집 마당은 (햇빛 / 햇볕)이 잘 든다.

❷ 그는 적당히 (햇빛 / 햇볕)에 그을려 보기가 좋았다.

▶ 햇볕은 사람의 피부로 느낄 수 있는 뜨거운 기운을 의미하므로 햇볕이 따뜻하다 또는 햇볕에 옷을 말리다 등으로 표현한다.

• 정답 – ❶ 하얗게 ❷ 흰
• 정답 – ❶ 한참 ❷ 한창
• 정답 – ❶ 햇볕 ❷ 햇빛

혼돈 · 혼동

혼돈	뜻 마구 뒤섞여 있어 갈피를 잡을 수 없음. 또는 그런 상태
	● 세상이 혼돈하다고 아무렇게나 살아서는 안 된다.
	● 무분별한 방송이 청소년들의 가치관 혼돈을 초래한다.
혼동	뜻 구별하지 못하고 뒤섞어서 생각함
	● 그는 공과 사를 혼동하는 사람은 아니다.
	● 그녀가 나를 자신의 남자 친구로 혼동하는 일이 있다.

알쏭달쏭 풀어보기

❶ 어머니는 가끔 내 목소리와 동생 목소리를 (혼돈 / 혼동)하신다.

❷ 그 나라는 정치적 (혼돈 / 혼동)으로 복지에 신경 쓸 겨를이 없다.

▶ 혼돈은 어지러운 상태를 혼동은 구별하지 못하는 상태를 의미한다.

● 정답 – ❶ 혼동 ❷ 혼돈

PART 3

우리가 잘 알지 못하는
순우리말

가납사니

- 쓸데없는 말을 지껄이기 좋아하는 수다스러운 사람
- 말다툼을 잘하는 사람

예 그 소문은 가납사니들의 입을 통해 퍼져 나간다.
　매사에 그렇게 시비조니 그와 같은 가납사니는 좀 무서워!

▶ 수다스러운 사람을 낮잡아 이르는 말로「수다쟁이」,「떠버리」등이 있고
　「가납사니」는 그저 수다스러운 사람을 뜻한다.

가년스럽다

- 보기에 가난하고 어려운 데가 있다

예 그 복학생은 왠지 가년스러웠다.
　키가 작고 비쩍 마른 아이는 가년스러워 안쓰러웠다.

▶ 비슷한말.「거년스럽다」
　예 그는 거년스러워도 눈빛 만은 살아 있다.

가늠

- 목표나 기준에 맞고 안 맞음을 헤아려 봄. 또는 헤아려 보는 목표나 기준
- 사물을 어림잡아 헤아림

예 막연한 가늠으로 사업을 하다가는 실패하기 쉽다.
　그녀는 나이를 가늠하기가 어렵다.

▶ 가름 : 쪼개거나 나누어 따로따로 되게 하거나 상황을 구별하는 일.
　예 여자인지 남자인지 가름이 되지 않는다, 누구 말이 옳은지 가름해보자.

가붓하다

- 조금 가벼운 듯하다

㉠ 실연의 아픔은 상대적이기에 누가 더 힘들다 가붓하다 말할 수 없다.
　시험이 끝나 가붓한 마음이 들다.

▶ 여럿이 다 조금 가벼운 듯하다의 「가붓가붓하다」가 있고 쎈 느낌의 「가뿟하다」와 「가뿟가뿟하다」가 있다.

갈무리

- 물건 따위를 잘 정리하거나 간수함
- 일을 처리하여 마무리함

㉠ 상황이 불리해지자 그는 하던 말을 서둘러 갈무리했다.
　조용히 한 해를 갈무리하는 시간이 필요하다.

▶ 가을걷이한 곡식이나 채소를 식량과 종자로 쓰기 위해 저장하는 일도 「갈무리」로 표현하고 자료를 컴퓨터에 파일 형태로 저장하는 일도 「갈무리」라 한다.

강파르다

- 몸이 야위고 파리하다
- 성질이 까다롭고 괴팍하다. 또는 인정이 메마르고 야박하다

㉠ 그는 몸이 너무 강팔라서 불쌍해 보였다.
　현대 사회가 급속히 변화될수록 인심이 자꾸 강팔라 간다.

▶ **강파르다**는 「산이나 길이 몹시 비탈지다」는 뜻도 있는데 「가파르다」와 바꿔 쓸 수 있다.

개차반

● 개가 먹는 음식인 똥이라는 뜻으로 언행이 몹시 더러운 사람을 속되게 이르는 말

> 예 그는 술만 먹으면 개차반으로 변한다.
> 그는 성질이 개차반이어서 모두 가까이하기를 꺼린다.

▶ 개채반에서 바뀐 말로 채반은 새색시가 친정에 가서 부모를 뵐 때나 시집에 올 때 해 오는 맛 좋은 음식이다. 똥이 개에게는 채반과 같다는 말로 똥을 점잖게 표현한 것이다.

걸쩍거리다

● 활달하고 시원스럽게 행동하다

> 예 그는 걸쩍거리는 성격 때문에 인기가 많았다.
> 체육 선생님은 기골이 장대하고 걸쩍거리다.

▶ **껄떡거리다** : 매우 먹고 싶거나 갖고 싶어 연방 입맛을 다시거나 안달하다.
  예 한참 크는 아들은 밥을 먹고도 금방 껄떡거리다.
▶ **껄떡대다** : '귀찮게 하다' 라는 전라도 사투리로도 쓰임. 예 아따 껄떡대지 마시요.

결딴

● 어떤 일이나 물건 따위가 아주 망가져서 도무지 손을 쓸 수 없게 된 상태
● 살림이 망하여 거덜 난 상태

> 예 네가 집안을 결딴 낼 생각이니?
> 아이가 장난감을 집어 던져 결딴냈어.

▶ **결단** : 결정적인 판단을 하거나 단정을 내림.
  예 일이 더 커지기 전에 결단을 내리자, 난 그의 결단을 따르겠다.

곰상스럽다

- 성질이나 행동이 싹싹하고 부드러운 데가 있다
- 성질이나 행동이 잘고 꼼꼼한 데가 있다

[예] 그 아이는 얼굴이 좀 빠져도 곰상스러워 어른들이 아주 좋아해!
　　작은 일에 곰상스럽게 마음을 쓰다가는 일에 진척이 없다.

▶ **곰살궂다** : 태도나 성질이 부드럽고 친절하다 또는 꼼꼼하고 자세함.
　[예] 아이는 곰살궂게 굴다, 사내가 집안일에 너무 곰살궂어도 못쓰는 법이다.

곰비임비

- 물건이 거듭 쌓이거나 일이 계속 일어남을 나타내는 말

[예] 곰비임비 도착한 버스에서 올망졸망한 아이들이 내렸다.
　　나에게 왜 불행한 일이 곰비임비 일어나는 걸까?

▶ 정확한 어원이 밝혀진 말은 아니지만 예부터 일상생활에서 널리 쓰인 말이다.

곱살끼다

- 몹시 보채거나 짓궂게 굴다

[예] 우리 아이는 미운 일곱 살이라 곱살끼다.
　　아이가 하는 짓이 워낙 곱살끼어 돌보는 일이 쉽지 않다.

▶ **곱살스럽다** : 얼굴이나 성미가 예쁘장하고 얌전한 데가 있음.
　[예] 그녀는 곱살스러 며느릿감으로 마음에 쏙 든다.

구성없다

● 격에 어울리지 않다

예 가끔 구성없는 짓으로 사람 놀라게 하지 마라.
　계급장을 떼니 군복이 구성없어 보인다.

▶ 비슷한말로 「멋없다」와 「어색하다」
　예 행동이 멋없고 미련하다, 그의 옷차림은 어색하기 짝이 없다.

구성지다

● 천연스럽고 구수하며 멋지다

예 사공은 노를 저으며 뱃노래를 구성지게 불렀다.
　그의 목소리는 구성지고 엄숙하여 모든 믿어야 할 것 같아.

▶ 구성맞다 : 상쾌하지 않고 구질구질함.
　예 나는 그 노래가 구성맞고 처량해서 싫어한다.

구실

● 자기가 마땅히 해야 할 맡은 바 책임

예 예산 부족으로 복지 정책이 제 구실을 발휘하지 못하고 있다.
　내 연구실은 학생들 휴게실 구실도 한다.

▶ 비슷한말 「소임」과 「역할」
　예 자신의 소임을 다하다, 자신의 역할에 충실하다.

국으로

- 제 생긴 그대로 또는 자기 주제에 맞게

예 모르면 국으로 가만히 있어라.
내가 그냥 국으로 가만히 있어야 모두가 편한 것 같다.

▶ 자기 주제에 맞게 잠자코 있다의 뜻을 가진 부사다.

귀나다

- 모가 반듯하지 아니하고 한쪽으로 비뚤어지거나 기울어짐
- 의견이 서로 빗나가서 틀어짐

예 색종이 끝을 잘 맞춰야 귀나지 않고 반듯하다.
이렇게 서로의 생각이 귀나면 모두가 힘들어진다.

▶ **금나다** : 물건값이 정해져서 팔고 살 수 있게 됨.
길나다 : 버릇이나 습관이 되어 익숙해지다.

깜냥

- 스스로 일을 헤아림 또는 헤아릴 수 있는 능력

예 국립국어원은 스펙 쌓기 대신에 깜냥 쌓기로 쓰자고 제안했다.
내 깜냥으로는 그를 이기지 못한다.

▶ **깜냥깜냥** : 자신의 힘을 다하여
예 힘들 텐데 깜냥깜냥이 일을 잘한다.

끄나풀

- 길지 아니한 끈의 나부랭이
- 남의 앞잡이 노릇을 하는 사람을 낮잡아 이르는 말

[예] 끄나풀로 동여매다.
　　우리 조직에 경찰 끄나풀이 있는 것 같다.

▶ 비슷한말 「끈」 또는 「앞잡이」
　[예] 가방 끈을 잡다, 일제의 앞잡이 노릇을 하다.

끌끌하다

- 마음이 맑고 바르고 깨끗함

[예] 그는 아주 끌끌하고 점잖아서 모두 좋아해!
　　그녀는 얼굴도 곱지만 마음도 끌끌하다.

▶ **깔깔하다** : 감촉이 보드랍지 못하고 까칠까칠 하다 또는 마음이 맑고 바르고 깨끗하다.
▶ **끌끌하다** : 깔깔하다에서 온 말인데 마음씨가 깔깔하면 성격이 거친 것으로 이는 성품이 곧고 마음씨가 올바르다는 뜻으로도 쓰였다.

나부대다

- 얌전히 있지 못하고 철없이 촐랑거림

[예] 아이들이 신이 나서 나부대니 정신이 없구나!
　　하루 종일 나부댄 탓인지 몹시 피곤했다.

▶ **나대다** : 깝신거리고 나다니다 또는 움직임이 매우 날쌔다.
　[예] 쓸데없이 나대지 말고 진득이 집을 지켜라, 어른 앞에서 나대지 말고 조심해라.

남우세

● 남에게 비웃음과 놀림을 받게 됨 또는 그 비웃음과 놀림

예 그렇게 허술하게 차리고 나갔다가는 남우세 받기 딱 좋겠다.
공공장소에서 그렇게 떠들면 남우세스럽다.

▶ 「남사스럽다」, 「남세스럽다」, 「남우세스럽다」는 동의어
　 예 하는 짓 봐라, 남사스럽다.

낫잡다

● 금액, 나이, 수량, 수효 따위를 계산할 때에 조금 넉넉하게 침

예 우리 집은 손님이 많으니 항상 음식을 낫잡아 준비해야 한다.
얼마나 필요한지 몰라서 낫잡아서 가져왔다.

▶ 낮잡다 : 실제로 지닌 값보다 낮게 치다 또는 사람을 만만히 여기고 함부로 낮추어 대하다.
　 예 그를 낮잡아 보면 큰코다친다.

내숭

● 겉으로는 순해 보이나 속으로는 엉큼함

예 그녀의 내숭 떠는 모습도 귀엽다.
이모는 내심 좋으면서 아닌 척 내숭이다.

▶ 내숭쟁이 : 겉으로는 순해 보이나 속으로는 엉큼한 사람을 낮잡아 이르는 말.
　 예 저 내숭쟁이 말을 누가 믿을까?

넉장거리

● 네 활개를 벌리고 뒤로 벌렁 나자빠짐

㉠ 술에 취해 비틀비틀 걷다가 길거리에서 넉장거리하는 이들도 많다.
한참 소란스런 소리가 들리더니 한 아이가 넉장거리로 나가떨어졌다.

▶ 낙장거리 : 팔다리를 벌리고 뒤로 발딱 나자빠짐.
㉠ 반들반들하니 파리가 낙장거리 할 것 같다, 빙판길에 낙장거리를 조심해라.

넌더리

● 지긋지긋하게 몹시 싫은 생각

㉠ 엄마의 시험에 대한 집착에 넌더리가 났다.
정치인들의 싸움에 넌더리 칠 때가 있다.

▶ 비슷한말로 「몸서리」 「싫증」 「진절머리」 「진저리」
㉠ 그는 몸서리를 치며 전율하다, 그 얘기만 들어도 진저리가 난다.

노닥이다

● 조금 수다스럽게 재미있는 말을 늘어 놓음

㉠ 시골로 휴가를 떠난 우리 가족들은 숲 속에서 한가로이 노닥이며 걸었다.
수업 시간에 친구와 노닥이다가 선생님께 혼나다.

▶ 노닥거리다 : 조금 수다스럽게 재미있는 말을 자꾸 늘어놓음.
㉠ 교정에서 노닥거리는 아이들을 보니 학창 시절이 그립다.

눈썰미

● 한두 번 보고 곧 그대로 해내는 재주

㉾ 그는 눈썰미가 있어서 무슨 일이든 금방 배운다.
　 눈썰미를 보니 보통이 아니다!

▶ 눈썰미가 있어서 한번 본 것은 잊지 않음을 비유적으로 「눈이 보배다」로 표현한다.

눈엣가시

● 몹시 밉거나 싫어 늘 눈에 거슬리는 사람
● 남편의 첩을 이르는 말

㉾ 그녀는 매사 눈엣가시 같은 존재였다.
　 퉁명스러운 말로 핀잔을 주니 그 애를 눈엣가시로 여기는 것 같아.

▶ 눈에 가시가 들어가면 따갑고 아파서 사물을 볼 수가 없듯이 보기 싫은 사람을 보면 눈에 거슬려 마땅치가 않다는 뜻이다.

느껍다

● 어떤 느낌이 마음에 북받쳐서 벅참

㉾ 그저 추억만으로도 가슴이 느껍다.
　 나는 그의 마음 씀씀이가 느꺼워 가슴이 뭉클해졌다.

▶ 느끄름하다 : 날씨 따위가 흐리어 침침함.
　 ㉾ 하늘이 느끄름하더니 비가 내린다.

는개

● 안개보다는 조금 굵고 이슬비보다는 가는 비

㉠ 그날도 내 마음처럼 는개가 내렸다.
　　는개는 안개처럼 공기 중에 떠 있지 않다.

▶ **그믐치** : 음력 그믐께에 비나 눈이 내림. 또는 그 비나 눈.
　보름치 : 음력 보름께에 비나 눈이 오는 날씨. 또는 그 비나 눈.
　떡비 : 풍년이 들어 떡을 해 먹을 수 있게 하는 비로 요긴한 때에 내리는 비를 이르는 말.

늘비하다

● 질서 없이 여기저기 많이 늘어서 있거나 놓여 있음

㉠ 운동장에 아이들이 늘비하게 서 있다.
　　산 위에서 바라보니 집들이 늘비하다.

▶ **즐비하다** : 빗살처럼 줄지어 빽빽하게 늘어서 있음
　㉠ 고층 아파트들이 즐비하다, 고층 건물들이 즐비하다.

다락같다

● 물건값이 매우 비쌈
● 덩치나 규모 정도가 매우 크고 심함

㉠ 물가가 오르는 것이 다락같아 살 수가 없다.
　　씨름판에서 1등한 사람은 다락같은 풍모를 지니다.

▶ **다락다락** : 자꾸 대들어 귀찮게 조르는 모양
　㉠ 아이는 장난감을 사 달라고 다락다락 조르다.

닦아세우다

● 꼼짝 못하게 휘몰아 나무람

예 학생주임 선생님은 크게 호통을 치면서 아이를 닦아세웠다.
　　어머니는 사람들이 많은 곳에서도 서슴없이 닦아세워 나를 당황시키다.

▶ 비슷한말 「닦달하다」 「으르다」 「다그치다」 「몰아세우다」
　예 죄 없는 하인들만 닦달하다, 나를 거짓말쟁이라고 몰아세웠다.

단물나다

● 옷 따위가 낡아 물이 빠지고 바탕이 해지게 됨

예 아버지의 단물난 양복이 눈물겹게 느껴졌다.
　　그는 작업복을 단물나도록 입고 다녔다.

▶ **단물** : 알짜나 실속이 있는 부분을 비유적으로 이르는 말 또는 어떤 대상이 가지고 있는 본래
　의 색.
　예 단물만 쏙 빼먹다, 단물이 다 빠진 낡은 옷.

달포

● 한 달이 조금 넘는 기간

예 그가 떠난 지 달포가 지났지만 아무런 연락이 없었다.
　　그녀는 그 일이 일어난 후 달포가 지나도록 두문불출하였다.

▶ **해포** : 한 해가 조금 넘는 동안.
　예 그날 참으로 여러 해포 만에 가슴이 탁 트이는 통쾌감을 맛보았다.
▶ **회포** : 마음속에 품은 생각이나 정.
　예 두 사람은 회포를 푸느라 밤늦은 줄도 모르고 이야기했다.

대갚음

● 남에게 입은 은혜나 남에게 당한 원한을 잊지 않고 그대로 갚음

🔲 내가 언젠가는 너에게 이 치욕을 대갚음 해 줄 것이다.
　　착한 일과 악한 일이 그 원인과 결과에 따라 대갚음을 받다.

▶ 「되갚다」와 「대갚다」는 표준어가 아니다. 「남에게 입은 은혜나 원한을 그대로 갚다」의 뜻으로
　「대갚음」 또는 「대갚음하다」 비슷한 의미의 「갚음」, 「갚음하다」가 있다.

대두리

● 큰 다툼이나 야단 또는 일이 심각해진 국면
● 기본 또는 핵심이 되는 것

🔲 사거리에서 대두리가 벌어져 교통 체증을 유발하다.
　　사소한 시비가 대두리가 되었다.

▶ **대두리판** : 대두리가 벌어진 판.
　🔲 귀성길에 대두리판이 벌어지다.

댓바람

● 일이나 때를 당하여 서슴지 않고 당장 또는 아주 이른 시간

🔲 소식을 듣자마자 댓바람으로 달려 나갔다.
　　아침 댓바람부터 무슨 일이냐?

▶ **댓** : 다섯쯤 되는 수 또는 그런 수의.
　🔲 화가 난 아이는 입이 댓 발 나왔다.

더께

- 몹시 찌든 물건에 앉은 거친 때
- 겹으로 쌓이거나 붙은 것 또는 겹이 되게 덧붙은 것

예 세월의 더께가 그대로 남아 있었다.
　소맷부리에 새카만 더께가 앉아 멀리서도 냄새가 나는 듯하다.

▶ **겉더께** : 물체의 겉에 두껍게 낀 때.
　속더께 : 물체의 속에 찌들어 낀 때.

던적스럽다

- 하는 짓이 보기에 매우 치사하고 더러운 데가 있음

예 돈푼이나 있다고 너무 던적스럽게 굴지 마라.
　그는 치사하고 던적스럽다.

▶ 비슷한말의 「단작스럽다」 「던지럽다」 「단지럽다」
　예 김 노인은 생각이 단작스럽고 옹졸하다.

덤터기

- 남에게 넘겨씌우거나 남에게서 넘겨받은 허물이나 걱정거리
- 억울한 누명이나 오명

예 엉뚱한 사람에게 덤터기를 씌우지 마라.
　부품이 일체형이라 고장이 나면 소비자가 덤터기를 쓰는 셈이다.

▶ 같은 뜻의 「담타기」가 있고 「덤테기」는 잘못된 표현.
　예 내가 모든 사건의 담타기를 쓰게 되었다.

덧두리

- 정해 놓은 액수 외에 얼마만큼 더 보탬 또는 그렇게 하는 값
- 헐값으로 사서 비싼 금액으로 팔 때의 차액
- 물건을 서로 바꿀 때에 그 값을 쳐서 서로 모자라는 금액을 채워 넣는 돈

예 너 어디 가서 덧두리를 아무리 줘도 못 구하는 거야.
　　여기서는 중간 상인이 덧두리를 치는 일이 없어서 물건 값이 싸다.

▶ 덧두리를 치다 : 웃돈을 가로채다는 뜻.

덩둘하다

- 매우 둔하고 어리석음
- 어리둥절하여 멍함

예 그는 꾀도 없고 눈치도 없는 덩둘한 사람이다.
　　아이는 덩둘한 표정으로 나를 쳐다보았다.

▶ 덩두렷하다 : 매우 덩실하고 두렷함.
　　예 한가위 보름달이 덩두렷하게 떠 있다.

도린곁

- 사람이 별로 가지 않는 외진 곳

예 밤길이 위험하니 도린곁에 가지 말고 큰길로 다녀와라.
　　숙소가 후미진 도린곁에 있으니 생필품을 미리 준비해야 한다.

▶ 주위에 사람이 없고 두려움이 느껴지며 인적이 드문 곳을 도린곁이라 할 수 있다.

둥개다

● 일을 감당하지 못하고 쩔쩔맴

예 하루 종일 둥개는 것을 보니 오늘 안에 일을 못 끝내겠구나!
　일이 손에 익지 않아 둥개는 모습이 안쓰럽다.

▶ **뭉개다** : 비트적거리며 조금씩 겨우 움직이다 또는 어떤 생각을 애써 지워 버림..
　예 엉덩이를 뭉개며 일어서지도 않았다, 어두웠던 과거를 기억 속에서 뭉개 버렸다.

뒤란

● 집 뒤 울타리의 안 또는 뒤뜰의 방언

예 가을이면 뒤란 감나무에는 감이 주렁주렁 열렸다.
　어머니는 뒤란의 장독대를 신줏단지 모시듯 하였다.

▶ **비슷한말** : 뒷마당, 뒤뜰, 뒤울안.
　예 안채를 돌아 뒤뜰로 접어들다, 집 뒤울안 굴뚝에서 연기가 피어오른다.

떨거지

● 겨레붙이나 한통속으로 지내는 사람들을 낮잡아 이르는 말

예 떨거지들이 몰려들어 공밥을 얻어먹다.
　너희가 박가의 떨거지들이냐!

▶ **동아리** : 같은 뜻을 가지고 모여서 한패를 이룬 무리.
　예 너는 어떤 동아리에 가입할 계획이니?

뜨악하다

- 마음이 선뜻 내키지 않아 꺼림칙하고 싫음
- 마음이나 분위기가 맞지 않아 서먹하다 또는 사귀는 사이가 떠서 서먹함

예 그녀는 뜨악한 표정으로 나를 쳐다보았다.
두 사람은 뜨악한 사이가 되고 말았다.

▶ **꺼림칙하다** : 매우 꺼림직하다.(꺼림직하다는 잘못된 표현) 예 여러 가지로 꺼림칙하다.
▶ **께름칙하다** : 매우 꺼림칙하다.(께름직하다는 잘못된 표현) 예 어쩐지 좀 께름칙하다.

마뜩하다

- 제법 마음에 들 만함

예 나는 그의 행동이 마뜩하지 않다.
교장 선생님은 마뜩하지 않은 표정으로 바라보았다.

▶ **마뜩잖다** : 마음에 들 만하지 아니하다.
　예 상사는 내가 하는 일이 마뜩잖은 듯이 노려보았다.

매캐하다

- 연기나 곰팡이 따위의 냄새가 약간 맵고 싸함

예 북경은 스모그로 눈이 따갑고 목이 매캐하다.
아랫목에 누워보니 매캐한 연기를 마시며 아궁이에 불 땐 보람이 있다.

▶ **알싸하다** : 매운맛이나 독한 냄새 따위로 콧속이나 혀끝이 알알함.
　예 알싸하게 풍기는 체취에 이맛살을 찌푸렸다, 고추가 매워 혀끝이 알싸하다.

맹문

● 일의 시비나 경위를 모름

예 어찌 된 일인지 맹문이나 들어 보자.
   그 일에 맹문이라 차근차근 가르쳐 주세요.

▶ **영문** : 일이 돌아가는 형편이나 그 까닭.
  예 영문도 모르고 따지지 마라, 무슨 영문인지 궁금하다.

모르쇠

● 아는 것이나 모르는 것이나 다 모른다고 잡아떼는 것

예 그는 모르쇠로 일관했다.
   할머니는 난감한 질문에는 모르쇠로 방패막이하였다.

▶ **모르쇠를 잡다** : 아무것도 모르는 체하거나 모른다고 잡아떼다.
  예 그는 무조건 아는 바가 없다고 모르쇠를 잡았다.

몽니

● 정당한 대우를 받지 못할 때 권리를 주장하기 위하여 심술을 부리는 성질

예 동생의 몽니에 울컥 부아가 치밀었다.
   무남독녀인 그녀는 버릇이 없고 몽니가 사납다.

▶ **몽니가 궂다** : 몽니가 심하다.
  예 저 사람은 몽니가 궂어서 상대하기가 쉽지 않다.

몽총하다

- 붙임성과 인정이 없이 새침하고 쌀쌀함
- 박력이 없고 대가 약함
- 길이나 부피 따위가 조금 모자란 데가 있음

예 사람이 너무 몽총하면 주위에 사람이 없다.
남자가 몽총해서 별로 내키지 않는다.
그녀는 갑자기 머리를 몽총하게 자르고 나타났다.

무릎맞춤

- 두 사람의 말이 서로 어긋날 때 제삼자를 앞에 두고 옳고 그름을 따짐

예 무릎맞춤을 해야 사실대로 불겠느냐?
이 일을 무릎맞춤 해 보아야 진상이 밝혀지겠다.

▶ 삼자대면 : 원고, 피고, 증인이 모여서 하는 무릎맞춤.
예 당사자들을 불러들여 삼자대면하다.

무서리

- 늦가을에 처음 내리는 묽은 서리

예 가을이 되면 무서리가 일손을 재촉한다.
무서리가 내리고 뿌연 아침 햇살이 지척을 분간할 수 없다.

▶ 서리 이다 : 머리카락이 하얗게 세다.
예 할머니는 하얗게 서리를 이고 계셨다.

물꼬

- 논에 물이 넘어 들어오거나 나가게 하기 위하여 만든 좁은 통로
- 어떤 일의 시작을 비유적으로 이르는 말

예 남북 교류의 물꼬를 트다.

비가 지나치다 싶게 내리면 물꼬 걱정으로 잠을 이루지 못했다.

▶ 물꽃 : 하얀 거품을 일으키는 물결을 비유적으로 이르는 말.
예 은빛으로 번쩍이는 물꽃.

뭉근하다

- 세지 않은 불기운이 끊이지 않고 꾸준함

예 그를 위해 대추와 찹쌀을 뭉근하게 끓여 미음을 만들었다.

사랑방은 뭉근한 화롯불로 새벽까지 뜨뜻했다.

▶ 뭉때리다 : 능청맞게 시치미를 떼거나 묵살해 버림.
예 살려 달라고 애원하던 그를 애써 뭉때리다.

미대다

- 하기 싫은 일이나 잘못된 일의 책임을 남에게 밀어 넘김
- 일을 제때에 하지 않고 오래 질질 끎

예 간단한 일을 왜 그리 미대고 있는지 모르겠다.

자기 일을 남에게 미대지 마라.

▶ 미루다 : 정한 시간이나 기일을 나중으로 넘기거나 늘이다 또는 일을 남에게 넘김.
예 오늘 일을 내일로 미루지 말자, 네 잘못을 남에게 미루지 마라.

바투

- 두 대상이나 물체의 사이가 썩 가깝게
- 시간이나 길이가 아주 짧게

예 무슨 중요한 얘기가 있는 듯이 바투 다가앉다.
끈을 바투 잡아라.

▶ **바투바투** : 모두 다 사이가 썩 가깝게 또는 시간이나 길이가 아주 짧게.
예 장소가 좁으니 모두들 바투바투 앉으세요.

배냇짓

- 갓난아이가 자면서 웃거나 눈, 코, 입 따위를 쫑긋거리는 짓

예 아이는 배냇짓을 하는지 방글방글 웃는다.
배냇짓하며 잠든 아기는 천사 같은 모습이다.

▶ **배냇냄새** : 갓난아이의 몸에서 젖내 비슷하게 나는 독특한 냄새 예 아기에게서 배냇냄새가 나다.
배냇머리 : 출생한 후 한 번도 깎지 않은 갓난아이의 머리털 예 배냇머리를 깎아 주다.

버겁다

- 물건이나 세력 따위가 다루기에 힘에 겹거나 거북함

예 짐이 무거워 혼자 들기에 버겁다.
불혹의 나이에 들어서니 가끔은 인생의 무게가 버겁게 느껴진다.

▶ **고되다** : 하는 일이 힘에 겨워 고단함. 예 일도 고되고 벌이도 시원찮다.
힘겹다 : 힘에 부쳐 능히 당하여 내기 어렵다. 예 너무 힘겨워서 포기하고 싶다.

버금

- 으뜸의 바로 아래 또는 그런 지위에 있는 사람이나 물건

[예] 여행지로 으뜸이 하와이고 버금이 몰디브로 선정되었다.
우리 가운데 그가 버금으로 힘이 세다.

▶ **으뜸** : 많은 것 가운데 가장 뛰어난 것.
[예] 그의 노래 실력은 전교에서 으뜸이다, 효는 덕의 으뜸이다.

벋대다

- 쉬이 따르지 않고 고집스럽게 버팀
- 넘어지거나 미끄러지지 않으려고 손이나 발을 받치어 대고 버팀

[예] 네 주장만 내세우며 벋대니 얘기가 통하지 않는다.
밤새 왔던 눈이 얼어붙어 넘어지지 않으려고 벋대며 걸어가다.

▶ **벋서다** : 버티어 맞서서 겨루다.
[예] 두 선수는 샅바를 움켜쥐고 온 힘을 다해 벋서고 있다.

버르집다

- 파서 헤치거나 크게 벌려 놓다 또는 작은 일을 크게 부풀려 떠벌림
- 숨겨진 일을 밖으로 들추어냄

[예] 남의 지나간 과거를 버르집는 것은 결코 바람직하지 않다.
언니는 잘 정리된 옷장을 아침마다 버르집어 놓았다.

▶ **버르르하다** : 대수롭지 않은 일에 벌컥 성을 내다 또는 많은 양의 액체가 거볍게 끓어오르다.
[예] 그는 말이 떨어지기 무섭게 버르르해서 화를 내다, 금세 버르르하면서 물이 끓다.

벌충

- 손실이나 모자라는 것을 보태어 채움

예 모자란 비용은 내가 벌충할게.
   걱정으로 여러 날 설친 잠을 벌충하였다.

▶ **땜질** : 잘못된 일을 그때그때 필요에 따라 임시변통으로 고치는 일.
   예 땜질로 모면할 일이 아니다. 금니를 땜질하는데 얼마나 합니까?

베갯잇

- 베개의 겉을 덧씌워 시치는 헝겊

예 나는 베갯잇에 풀이를 먹이는 할머니 곁에 앉아 있었다.
   고모는 시집갈 때 가져갈 베갯잇을 오색실로 정성스레 수놓았다.

▶ **이불깃** : 때가 많이 타는 이불의 위쪽에 덧대는 천.
   예 깨끗한 이불깃이 안주인의 살림 솜씨를 보여주다.

벼리다

- 무디어진 연장의 날을 불에 달구어 두드려서 날카롭게 만듦
- 마음이나 의지를 가다듬고 단련하여 강하게 함

예 장군은 싸움에 앞서 대검을 벼리어 승전을 다짐하다.
   그는 투지를 벼리다.

▶ **벼르다** : 어떤 일을 이루려고 마음속으로 준비를 단단히 하고 기회를 엿봄.
   예 나는 그를 혼내 주려고 잔뜩 벼르고 있었다.

볼멘소리

● 서운하거나 성이 나서 퉁명스럽게 하는 말투

예 저도 모르게 볼멘소리가 흘러나왔다.
아이는 눈물을 흘리며 볼멘소리를 했다.

▶ 볼메다 : 말소리나 표정에 성난 기색이 있다.
예 볼멘 표정으로 쳐다보다.

부닐다

● 가까이 따르며 붙임성 있게 굶

예 아이는 필요한 것이 생기면 나에게 부닐면서 애교를 떨었다.
며느리가 시어머니에게 부니는 모습이 보기 좋았다.

▶ 다부닐다 : 바싹 붙어서 붙임성 있게 굴다.
예 딸은 아들과 달라서 아무래도 부모에게 더 다부니는 경향이 있다.

부대끼다

● 여러 사람과 만나거나 본의 아니게 여러 사람을 접촉함
● 다른 것에 맞닿거나 자꾸 부딪치며 충돌함

예 나는 복잡한 도시에서 많은 사람들과 부대끼는 것이 힘들어.
간밤에 나뭇가지들이 부대끼는 소리에 잠을 설치다.

▶ 보대끼다 : 사람이나 일에 시달려 괴로움을 겪음.
예 세상살이에 보대끼다.

북새

- 많은 사람이 야단스럽게 부산을 떨며 법석이는 일

예 그 북새 속에서도 끝까지 냉정을 잃지 않다.
옆에서 북새를 떠니 일이 손에 안 잡힌다.

▶ **북새통** : 많은 사람이 야단스럽게 부산을 떨며 법석이는 상황.
예 이런 북새통에 책이 눈에 들어온단 말이냐?

붙박이

- 어느 한 자리에 정한 대로 박혀 있어서 움직임이 없는 상태. 또는 그런 사물이나 사람

예 아파트의 똑같은 붙박이는 별로 마음에 들지 않는다.
그는 붙박이로 붙어 있는 일꾼으로 바지런했다.

▶ **붙박이별** : 위치를 바꾸지 않고 항상 그 자리에 빛나는 별(북극성).
예 붙박이별은 뱃사람들의 나침반 역할을 하였다.

비설거지

- 비가 오려고 하거나 올 때, 비에 맞으면 안 되는 물건을 치우거나 덮는 일

예 비가 내리자 상인들이 비설거지를 하느라 분주하다.
갑자기 하늘이 어둡게 내려앉자 할머니는 비설거지한다며 달려 나가셨다.

▶ **뒷설거지** : 큰일을 치른 다음에 하는 설거지나 뒤처리.
예 잔치 뒷설거지에 정신이 없다. 이런저런 뒷설거지로 늦게까지 바쁘게 움직이다.

빌붙다

● 남의 호감이나 환심을 사기 위하여 곁에서 아첨하고 알랑거림

[예] 그는 허드레꾼으로 빌붙어 살았다.
언제까지 형에게 빌붙어 밥을 얻어먹고 살 작정이냐?

▶ **아첨하다** : 남의 환심을 사거나 잘 보이려고 알랑거리다.
▶ **기생하다** : 스스로 생활하지 못하고 다른 사람을 의지하여 생활하다.

빙충맞다

● 똑똑하지 못하고 어리석으며 수줍음을 타는 데가 있음

[예] 뚱뚱한 사람을 빙충맞다 생각하는 것은 어리석은 편견이다.
그는 어딘지 모르게 빙충맞은 것이었다.

▶ **뱅충맞다** : 약간 똑똑하지 못하고 어리석으며 수줍음을 타는 데가 있음.
[예] 아이가 뱅충맞아 항상 걱정이다.

뿌다구니

● 물체의 삐죽하게 내민 부분 또는 어떤 토막이나 조각 따위를 낮잡아 이르는 말
● 쑥 내밀어 구부러지거나 꺾어져 돌아간 자리

[예] 새로 산 옷이 나무 뿌다구니에 걸려 올이 나가다.
할머니는 김치 뿌다구니만 드셨다.

▶ **뿔따구** : 노엽거나 언짢게 여겨 일어나는 불쾌한 감정을 속되게 이르는 말.
[예] 뿔다구가 나서 얼굴이 벌겋다.

사재기

- 몡 물건값이 오를 것을 예상하고 폭리를 얻기 위하여 물건을 몰아서 사들임

예 전쟁에 대한 위기감으로 생필품 사재기가 심하다.
과일 작황이 나쁜데 사재기 현상까지 빚어지다.

▶ 사재다 : 통 값이 크게 오를 것을 내다보고 필요한 이상으로 사 두다.
　예 정부는 명절을 앞두고 물건을 사재는 상인들을 단속했다.

삭정이

- 살아 있는 나무에 붙어 있는 말라 죽은 가지

예 어머니는 아궁이에 삭정이를 골라 불을 지폈다.
아이는 흙바닥에 쭈그리고 앉아 삭정이로 그림을 그리고 있었다.

▶ 썩정이 : 썩어 빠진 물건.
　예 그런 썩정이는 내다 버려라!

살갑다

- 집이나 세간 따위가 겉으로 보기보다는 속이 너름
- 마음씨가 부드럽고 상냥함
- 닿는 느낌 같은 것이 가볍고 부드러움

예 일찍이 홀로된 어머니는 살가운 정은 없었지만 든든한 버팀목이 되어 주셨다.
찰랑찰랑 밀려드는 물결이 살갑게 느껴지다.

▶ 곰살갑다 : 성질이 보기보다 상냥하고 부드러움.

살붙이

- 혈육으로 볼 때 가까운 사람. 보통 부모와 자식의 관계에서 쓰임
- 짐승의 여러 가지 살코기

예 나이를 먹으니 살붙이가 그립다.
　　내 살붙이라고는 저놈 하나뿐이다.

▶ **피붙이** : 혈육으로 볼 때 가까운 사람.
　　예 그 아이는 내 유일한 피붙이로 망나니 같아도 잘 봐줘야지.

새경

- 머슴이 주인에게서 한 해 동안 일한 대가로 받는 돈이나 물건

예 최 참판 댁은 새경이 후하고 인심도 좋았다.
　　주인집에서 먹고 자며 새경으로 쌀 한가마니를 받기로 했다.

▶ **날새경** : 머슴살이를 마치고 가을에 받는 새경.
▶ **들새경** : 머슴살이를 시작할 때 미리 받는 새경.

생채기

- 손톱 따위로 할퀴어지거나 긁히어서 생긴 작은 상처

예 손톱으로 할퀴어서 얼굴에 생채기를 냈다.
　　여자아이 얼굴에 생채기를 내다니 용서할 수 없다.

▶ **상채기** : 생채기의 잘못.

서름하다

- 남과 가깝지 못하고 사이가 조금 서먹함
- 사물 따위에 익숙하지 못하고 서툴음

예 먼 친척이라 서름하게 지냈다.
나는 항상 기계는 서름하다.

▶ **서먹하다** : 낯이 설거나 친하지 아니하여 어색함.
예 분위기가 서먹하다.

섣부르다

- 솜씨가 설고 어설프다

예 섣부른 행동은 금물이다.
아이는 무엇을 가르쳐도 섣부르다.

▶ **서투르다** : 일 따위에 익숙하지 못하여 다루기에 설다.
예 애정 표현에 서투른 모습도 귀엽다.

설피다

- 짜거나 엮은 것이 거칠고 성김
- 솜씨가 거칠고 서투름
- 언행이 덜렁덜렁하고 거칠음

예 씨름판에는 구경꾼들이 많아서 설핀 곳을 찾기가 쉽지 않다.
아이들의 연주는 설핀 구석이 있어도 감동적이다.

▶ **성기다** : 물건의 사이가 뜨다.
예 성기게 짠 발을 드리우고 앉아있는 여인의 자태가 곱더이다.

성마르다

- 참을성이 없고 성질이 조급함

예 성마른 성격이니 건드리지 마라!
　그는 성마르고 불같은 성질 때문에 힘들다.

▶ **성급하다** : 성질이 급함.
　예 너무 성급하게 굴면 일을 그르치기 쉽다.

소담하다

- 생김새가 탐스러움
- 음식이 풍족하여 먹음직함

예 담 너머로 들장미가 소담하게 폈습니다.
　시장 입구에는 과일이 소담하게 담겨 있다.

▶ **아담하다** : 고상하면서 담백함.
　예 담 너머로 아담한 정원이 눈에 들어오다.

소소리바람

- 이른 봄에 살 속으로 스며드는 듯한 차고 매서운 바람

예 입춘이 지났는데 소소리바람이 매섭구나.
　산 정상에 오르자 소소리바람이 불어 정신이 번쩍 든다.

▶ **꽃샘바람** : 이른 봄, 꽃이 필 무렵에 부는 쌀쌀한 바람.
▶ **소슬바람** : 가을에 외롭고 쓸쓸한 느낌을 주며 부는 으스스한 바람.

손사래

● 어떤 말이나 사실을 부인하거나 남에게 조용히 하라고 할 때 손을 펴서 휘젓는 일

예 장사꾼의 말에 할머니는 손사래를 치며 사양하셨다.
　그는 전작이 있다고 손사래를 치다가 잔을 받아 들었다.

▶ **손사래를 치다** : 거절이나 부인을 하며 손을 펴서 마구 휘저음.
▶ **손사랫짓하다** : 손을 펴서 함부로 휘저음.

수발

● 신변 가까이에서 여러 가지 시중을 듦

예 어머니가 팔을 다쳐서 음식 수발을 들었다.
　종갓집 맏며느리는 손님 수발에 정신이 없었다.

▶ **시중** : 옆에 있으면서 여러 가지 심부름을 하는 일.
　예 어머니는 할머니의 머리맡을 떠나지 않으며 시중을 들었다.

숙지다

● 어떤 현상이나 기세 따위가 점차로 누그러짐

예 그녀는 기세가 좀 숙지긴 해도 여전히 성난 눈매로 노려보다.
　더위가 숙지니 이제 살 것 같구나.

▶ **숙다** : 기운 따위가 줄어지다.
　예 가을바람에 무더위가 한풀 숙다.

스스럼없다

- 조심스럽거나 부끄러운 마음이 없음

예 그는 처음 만난 사람에게도 스스럼없는 모습을 보였다.
누구에게나 친절하고 스스럼없는 태도에 화가 나다.

▶ **허물없다** : 서로 매우 친하여 체면을 돌보거나 조심할 필요가 없음.
예 취중에 허물없는 이야기가 오가다.

습습하다

- 마음이나 하는 짓이 활발하고 너그러움

예 예전에 언니는 습습하던 사람이었는데 사는 것이 힘든 모양이다.
그녀는 부족함 없이 자라서인지 습습하고 구김살 없다.

▶ **삽삽하다** : 태도나 마음 씀씀이가 마음에 들게 부드럽고 사근사근함.
예 청년의 삽삽한 태도에 마음이 누그러졌다.

시나브로

- 모르는 사이에 조금씩 조금씩

예 운동장에는 아이들이 시나브로 없어지고 교정은 침묵에 잠기다.
가랑비에 시나브로 젖은 옷이 후줄근하여 측은해 보였다.

▶ **차츰차츰** : 어떤 사물의 상태나 정도가 시간의 흐름에 따라 일정한 방향으로 조금씩 변하는 모양
예 빗방울이 차츰차츰 굵어지기 시작했다.

시래기

- 무청이나 배추의 잎을 말린 것. 새끼 따위로 엮어 말려서 보관하다가 볶거나 국을 끓이는데 쓰임

예 할머니는 시래기를 엮어 처마 끝에 달았다.
　어머니가 된장에 시래기를 넣고 끓이다.

▶ 시래기국과 시래깃국의 바른 표기는 시래기와 국이 결합하여 만들어져 [시래기꾹/시래긷꾹]으로 소리 나므로 사이시옷 규정에 따라 「시래깃국」으로 적는다.

시름없다

- 근심과 걱정으로 맥이 없다 또는 아무 생각이 없음

예 몇 년간 준비한 국가고시 생각에 시름없다.
　그는 멍하니 앉아 시름없는 투로 대답했다.

▶ **맥없다** : 기운이 없다.
　예 그녀는 창호지처럼 파리한 얼굴로 맥없이 웃었다.

시쁘다

- 마음에 차지 아니하여 시들하다 또는 껄렁하여 대수롭지 않음

예 그런 시쁜 일에는 끼어들지 않겠어.
　무책임한 행동으로 그는 내 마음을 시쁘게 하였다.

▶ **시쁘장하다** : 마음에 차지 아니하여 조금 시들하다.
　예 그녀는 시쁘장하게 대답을 하였다.

시설궂다

● 성질이 차분하지 못하여 말이나 행동이 매우 부산함

예 삼 형제가 모두 시설궂어 집안이 항상 소란스럽다.
요즘 초등학생들은 시설궂다.

▶ **새살궂다** : 성질이 차분하지 못하고 가벼워 말이나 행동이 실없고 부산함.
예 아이가 새살궂어 힘들다.

실랑이

● 이러니저러니 옳으니 그르니 하며 남을 못살게 굴거나 괴롭히는 일

예 사춘기 아들과 실랑이를 벌이니 피곤하다.
빚쟁이들에게 실랑이를 받는 어머니가 불쌍하였다.

▶ **승강이** : 서로 자기주장을 고집하며 옥신각신하는 일.
예 접촉 사고로 운전자들 사이에 승강이가 벌어졌다.

실팍하다

● 사람이나 물건 따위가 보기에 매우 실함

예 허우대만 실팍하지 뒷심이 없어 큰일 하기는 글렀어.
몹시 힘든 일이라 실팍한 장정을 구한다.

▶ **걸까리지다** : 사람의 몸이 크고 실팍함.
예 아들이 걸까리지니 듬직하다.

심드렁하다

- 마음에 탐탁하지 아니하여서 관심이 거의 없음
- 병이 중하지 않고 오래 끌면서 그만저만함

예 똑같은 질문을 하니 나도 모르게 심드렁하게 대답하다.
그의 심드렁한 태도에 말문이 막혔다.

▶ **탐탁스럽다** : 모양이나 태도 또는 어떤 일 따위가 마음에 들어 만족스러운 듯함.
예 나는 그가 하는 행동이 별로 탐탁스럽지 않다.

싹수

- 어떤 일이나 사람이 앞으로 잘될 것 같은 낌새나 징조

예 어린 녀석이 어른한테 말대꾸하는 것이 싹수가 노랗다.
성실하고 머리도 좋은 것을 보니 성공할 싹수가 보인다.

▶ **싹수가 노랗다** : 잘될 가능성이나 희망이 애초부터 보이지 아니하다.

아귀

- 사물의 갈라진 부분

예 장식장 문짝이 아귀가 맞질 않아 문이 덜컹거리다.
그의 이야기는 앞뒤 아귀가 맞는다.

▶ **아귀가 맞다** : 앞뒤가 빈틈없이 들어맞다 또는 일정한 수량 따위가 들어맞다.

아름드리

- 둘레가 한 아름이 넘는 것을 나타내는 말

예 아름드리 소나무가 울창하고 풍광이 아름답다.

아이들은 아름드리나무를 돌며 와자지껄 웃어 댔다.

▶ **아름** : 두 팔을 둥글게 모아서 만든 둘레.
예 꽃을 한 아름 사 오다.

아리잠직하다

- 키가 작고 모습이 얌전하며 어린 티가 있음

예 저리 아리잠직한 아이가 시집을 어이 갈까?

그녀는 아리잠직하여 보호 본능을 일으킨다.

▶ **아리송하다** : 그런 것 같기도 하고 그렇지 않은 것 같기도 하여 분간하기 어려움.
예 그가 무슨 말을 하고 싶은 건지 아리송하다.

아우르다

- 여럿을 모아 한 덩어리나 한 판이 되게 함

예 힘으로 아우르는 것보다 여론을 모으는 것이 더 힘들다.

여럿이 돈을 아울러서 선물을 준비했다.

▶ **아울러** : 동시에 함께.
예 지혜와 용기를 아울러 갖추다.

안차다

● 겁이 없고 야무짐

예 그 아이는 안차게 어른에게 바른말을 하였다.
　그는 어리지만 안차고 당당하여 믿음이 간다.

▶ **당차다** : 나이나 몸집에 비하여 마음가짐이나 하는 짓이 야무지고 올차다.
　예 그는 키가 작지만 당차고 다부지다.
▶ **올차다** : 허술한 데가 없이 야무지고 기운차다.　예 그 녀석 올차게도 생겼구나!

암팡지다

● 몸은 작아도 힘차고 다부짐

예 그는 키가 유난히 작은 대신 몸은 퍽 암팡지고 다부져 보였다.
　그녀는 절대 지지 않는 성격에 암팡지고 당차다.

▶ **아금받다** : 야무지고 다부짐.
　예 그녀는 딸아이가 아금받아 남의 열 아들이 부럽지 않았다.

앙금

● 녹말 따위의 아주 잘고 부드러운 가루가 물에 가라앉아 생긴 층
● 마음속에 남아 있는 개운치 아니한 감정을 비유적으로 이르는 말

예 오늘은 팥 앙금으로 빵을 만들어 보겠어요.
　사과는 받았지만 가슴속의 앙금은 사라지지 않았다.

▶ **앙꼬** : 떡이나 빵의 안에 든 팥으로 일본어이다. 「팥소」로 순화하여 쓴다.

앙증맞다

● 작으면서도 갖출 것은 다 갖추어 아주 깜찍함

예 어디서 이렇게 앙증맞은 옷을 샀니?

　시루마다 소복소복하게 자라난 콩나물이 앙증맞게 보였다.

▶ **앙증하다** : 제격에 어울리지 아니하게 작다 또는 작으면서도 갖출 것은 다 갖추어 귀여움.
　예 값이 비싼 만큼 인형들의 모습이 앙증하기 그지없다.

애면글면

● 몹시 힘에 겨운 일을 이루려고 갖은 애를 쓰는 모양

예 너무 애면글면하는 모습이 안쓰럽게 여겨지다.

　그는 애면글면 모은 재산도 애면글면 기른 자식도 소용없다며 한탄하다.

▶ **애먼** : 일의 결과가 다른 데로 돌아가 억울하게 느껴짐.
　예 애먼 짓 하지 마라.

애오라지

● 겨우를 강조하여 이르는 말 또는 오로지를 강조하여 이르는 말

예 주머니엔 애오라지 동전 두 닢뿐이다.

　애오라지 그녀에게 향한 마음뿐이다.

▶ **겨우** : 기껏해야 고작　예 온 종일 한 일이 겨우 이거냐?
▶ **오로지** : 오직 한 곬으로　예 이 일의 성공 여부는 오로지 너의 능력에 달렸다.

애옥살이

- 가난에 쪼들려서 애를 써 가며 사는 살림살이

예 아버지가 돌아가시자 어머니는 애옥살이에 짓눌려 살았다.
　　딱 보아도 애옥살이 시골 살림이었다.

▶ **애옥살림** : 애옥살이와 같은 말.
　예 전쟁 뒤에 어느 집이나 다 애옥살림하다.

앵돌아지다

- 노여워서 토라지다 또는 홱 틀려 돌아감
- 날씨가 끄물끄물해짐

예 아이는 앵돌아진 표정으로 침대 끝머리에 앉아 있었다.
　　일기예보에는 날씨가 맑다고 했는데 갑자기 앵돌아지다.

▶ **토라지다** : 마음에 들지 아니하고 뒤틀리어서 싹 돌아서다.
　예 아이는 새침하게 토라졌던 마음을 풀었다.

어엿하다

- 행동이 거리낌 없이 아주 당당하고 떳떳함

예 코흘리개 아이가 어엿한 어른이 되었구나!
　　나도 이제 어엿한 대학생이다.

▶ **버젓하다** : 남의 시선을 의식하여 조심하거나 굽히는 데가 없음.
　예 네가 버젓하게 살고 있는 것을 보니 마음이 놓인다.

어줍다

- 말이나 행동이 익숙지 않아 서투르고 어설프다
- 몸의 일부가 자유롭지 못하여 움직임이 자연스럽지 않음

예 나이 어린 엄마는 아이를 어줍게 안았다.
  나는 추위에 온몸이 떨리고 손도 꽁꽁 얼어 어줍다.

▶ 어설프다 : 하는 일이 몸에 익지 아니하여서 익숙하지 못하고 엉성하고 거친 데가 있다.
  예 군복을 입은 아들의 모습이 더 이상 어설퍼 보이지 않았다.

에다

- 칼 따위로 도려내듯 베다 또는 마음을 몹시 아프게 함

예 그녀의 날카로운 말 한마디가 나에게 가슴을 에는 아픔을 주었다.
  가뜩이나 빈속은 칼로 에는 것처럼 쓰렸다.

▶ 에이다 : 에다의 피동사로 「가슴이 에이는 듯 아팠다」처럼 쓰인다.

여낙낙하다

- 성품이 곱고 부드러우며 상냥함
- 미닫이 따위를 열거나 닫을 때에 미끄럽고 거침이 없음

예 참 여낙낙하게 잘 자랐구나!
  솜씨 좋은 형이 손보자 미닫이가 여낙낙하게 열리다.

▶ 낙낙하다 : 크기, 수효, 부피 따위가 조금 크거나 남음이 있음.
  예 외투는 품이 낙낙해야 다른 옷을 껴입을 수 있다.

여남은

- 열이 조금 넘는 수 또는 그런 수의

예 화장실에 여남은 명이 줄을 서 있었다.
여남은 평이 안 되는 공간에 있을 건 다 있구나!

▶ **예수남은** : 예순이 조금 넘는 수. 또는 그런 수의.
예 예수남은 되어 보이는 노인이 홀로 앉아 있었다.

여우비

- 볕이 나 있는 날 잠깐 오다가 그치는 비

예 빨래를 널어놓았는데 여우비가 내리는구나!
여우비가 내리고 나니 숲은 한층 푸르고 싱싱하다.

▶ **여우볕** : 비나 눈이 오는 날 잠깐 났다가 숨어 버리는 볕.
예 장마철 여우볕이 나다.

여투다

- 돈이나 물건을 아껴 쓰고 나머지를 모아 둠

예 할머니는 쌀을 여투어 두었다가 불쌍한 사람에게 주곤 하셨다.
생활비를 여투어 통장을 만들었어.

▶ 여투다와 같은 뜻을 가진 저축하다, 비축하다 등은 한자어이다.

역성

● 옳고 그름에는 관계없이 무조건 한쪽 편을 들어 주는 일

예 내 얘기는 듣지 않고 동생 역성만 들다.
　　자식이라서 역성드는 것이 아니다.

▶ **역성들다** : 누가 옳고 그른지는 상관하지 아니하고 무조건 한쪽 편만 들다.
▶ **역성쟁이** : 남의 역성을 잘 드는 사람.

열없다

● 좀 겸연쩍고 부끄럽다 또는 담이 작고 겁이 많음

예 그녀는 열없게 웃으며 얼굴을 가리다.
　　나는 내 실수가 열없어서 얼굴이 붉어졌다.

▶ **머쓱하다** : 무안을 당하거나 흥이 꺾여 어색하고 열없다.
　　예 나는 마음이 들킨 것 같아 머쓱하게 웃었다.

영절스럽다

● 아주 그럴듯함

예 그녀는 겉치레가 아주 영절스럽지만 속은 별 볼 일 없다.
　　영절스럽게 꾸며진 방이다.

▶ **그럴듯하다** : 제법 그렇다고 여길 만함.
　　예 그의 말은 얼핏 듣기에 아주 그럴듯하게 들린다.

오금

● 무릎의 구부러지는 오목한 안쪽 부분

예 할아버지의 서슬 퍼런 꾸중에 오금이 저리다.
아이들은 바지를 오금까지 걷어붙이고 개울물로 물장난을 치고 있다.

▶ **오금이 쑤시다** : 무슨 일을 하고 싶어 가만히 있지 못함.
예 아이는 오금이 쑤시는지 엉덩이를 들썩이다.

▶ **오금을 박다** : 다른 사람에게 함부로 말이나 행동을 하지 못하게 단단히 이르거나 으르다.
예 딴소리 못하게 오금을 박아라.

오달지다

● 허술한 데가 없이 야무지고 알차다 또는 마음에 흡족하게 흐뭇함

예 그놈 밤톨같이 오달지고 단단하게 생겼구나!
쌓여 가는 은행 잔고에 마음이 오달지다.

▶ **오지다** : 오달지다의 같은말(오달지다의 준말 올지다가 있다).
예 그놈 아주 오지게 생겼구나!

오롯하다

● 모자람이 없이 온전함

예 끝없이 펼쳐진 광야에서 오롯하게 나와 마주할 수 있었다.
부모님의 오롯한 사랑을 받았으니 행운아라 할 수 있지.

▶ **완전하다** : 필요한 것이 모두 갖추어져 모자람이나 흠이 없음.
예 세상에 완전한 사람이 있을까?

오지랖 넓다

● 쓸데없이 지나치게 아무 일에나 참견하는 면이 있음

예 오지랖 넓게 남의 일에 참견하지 마라!
내가 좀 오지랖이 넓어서 불의를 보면 참지 못한다.

▶ **오지랖** : 웃옷이나 윗도리에 입는 겉옷의 앞자락.
예 오지랖을 여미다.

올되다

● 열매나 곡식 따위가 제철보다 일찍 익다 또는 나이에 비하여 발육이 빠르거나 철이 빨리 듦

예 어렵게 자란 아이는 일찍 올되어 마음이 아프다.
올해는 보리가 작년보다 올되었다.

▶ **일되다** : 열매나 곡식 따위가 제철보다 일찍 익다 또는 나이에 비해 철이 빨리 듦.
예 4월인데도 일된 한여름 과일들이 한창이다. 다른 아이들보다 머리가 한 뼘은 더 큰 것이 일되다.

옹춘마니

● 소견이 좁고 융통성이 없는 사람

예 그는 융통성이라고는 찾을 수 없는 옹춘마니다.
옹춘마니인 줄 알았더니 수단도 좋으셔라.

▶ 마니는 어떠한 일이나 성격, 사물에 붙여 어떠어떠한 사람, 어떠한 일을 하는 사람을 뜻하는 접미어로 심마니(산삼을 캐는 것을 업으로 삼는 사람), 똘마니(범죄 집단의 조직에서 부림을 당하는 사람을 속되게 이르는 말) 등이 있다.

왜자하다

● 소문이 온 동네에 널리 퍼져 요란하다 또는 왁자지껄하게 떠들썩하여 시끄러움

예 소문이 왜자하여 온 동네가 들썩이다.
　신랑 친구들이 함을 팔러 가는 골목길이 왜자하다.

▶ **왁자하다** : 정신이 어지러울 만큼 떠들다 또는 떠들썩하다.
　예 어디선가 아이들이 왁자하게 지껄이는 소리가 들린다.

용트림

● 거드름을 피우며 일부러 크게 힘을 들여 하는 트림

예 할아버지는 위풍당당하게 팔을 휘휘 내저으며 용트림을 하셨다.
　쳇! 비짓국 먹고 용트림한다고 못 봐주겠더라.

▶ **비짓국 먹고 용트림한다** : 아주 거친 음식을 먹고도 잘 먹은 체하느라고 거드름을 부린다는 뜻
으로 실속은 없으면서 겉모양만 그럴듯하게 꾸미는 행동을 비유적으로 이르는 말.

우두망찰하다

● 정신이 얼떨떨하여 어찌할 바를 모르는 모양

예 어려운 일이 닥쳤다고 이렇게 우두망찰하고 있을 게 아니라 정신을 차려야지.
　그녀는 어머니가 돌아가셨다는 비보에 우두망찰한 표정을 짓고 서있었다.

▶ **우두망절하다** : 정신이 얼떨떨하여 어찌할 바를 모름.
　예 갑자기 날아든 주먹에 우두망절하다.

우렁잇속

- 내용이 복잡하여 헤아리기 어려운 일을 비유적으로 이르는 말
- 품은 생각을 모두 털어놓지 아니하는 의뭉스러운 속마음을 비유적으로 이르는 말

예 워낙 우렁잇속이라 속을 알 수 없는 녀석이야!
일이 종잡을 수 없어 우렁잇속이 되어 버렸어.

▶ **우렁우렁하다** : 소리가 매우 크게 울림.
예 스티커 소리가 우렁우렁한다.

우수리

- 물건값을 제하고 거슬러 받는 잔돈
- 일정한 수나 수량에 차고 남는 수나 수량

예 우수리를 꼭 챙겨 오너라.
우수리는 모아서 다음에 기부를 하자.

▶ **나머지** : 어떤 한도에 차고 남은 부분 또는 어떤 일을 하다가 마치지 못한 부분.
예 생활비를 제외한 나머지는 모두 저축한다.

이르집다

- 흙 따위를 파헤치다 또는 오래전의 일을 들추어냄

예 곡괭이로 흙을 이르집다.
그는 조용조용 낮은 소리로 남의 아픈 데를 이르집다.

▶ **들추다** : 숨은 일, 지난 일, 잊은 일 따위를 끄집어내어 드러나게 함.
예 결점을 들추다.

169

이악하다

- 달라붙는 기세가 굳세고 끈덕짐
- 이익을 위하여 지나치게 아득바득하는 태도가 있음

예 그녀가 이악하게 매달리면 아무도 못 당한다.
　　그는 이악하지도 아첨하지도 않는다.

▶ **이억하다** : 달라붙는 기세가 꽤 굳세고 끈덕지다 또는 이익을 위해 아득바득하는 태도가 있음
　　예 이억하고 집요한 추궁이 이어졌다.

입찬말

- 자기의 지위나 능력을 믿고 지나치게 장담하는 말

예 자식 있는 사람이 그렇게 입찬말하지 마라.
　　그렇게 입찬말만 하면 후회할 일만 생길 것이다.

▶ **입찬말은 묘 앞에 가서 하여라** : 자기를 자랑하며 장담하는 것은 죽고 나서 하라는 뜻으로 쓸
　　데없는 장담은 하지 말라는 말이다.

자리끼

- 밤에 자다가 마시기 위하여 잠자리의 머리맡에 준비하여 두는 물

예 어머니는 매일 할머니의 이부자리와 자리끼를 손수 챙기셨다.
　　새벽에 갈증이 나서 구석에 놓여 있던 자리끼를 말끔히 마셔 버렸다.

▶ 자리끼는 지금은 드문 일이지만 예전에는 부엌이 멀리 떨어져 있었기 때문에 자다가 목이 마
　　르면 바로 마실 수 있도록 머리맡에 물을 떠다 놓고 잤다.

170

자맥질

- 물속에서 팔다리를 놀리며 떴다 잠겼다 하는 짓

예 아이들은 소란스럽게 짓까불며 자맥질하고 있었다.
　50년 넘게 자맥질을 이어온 늙은 해녀의 고단함을 마주하다.

▶ **무자맥질** : 물속에서 팔다리를 놀리며 떴다 잠겼다 하는 짓.
　예 내 키로 두어 길이 넘는 곳까지 무자맥질하다.

자투리

- 자로 재어 팔거나 재단하다가 남은 천의 조각
- 어떤 기준에 미치지 못할 정도로 작거나 적은 조각

예 할머니가 만든 이불은 비단 자투리로 만든 조각보였다.
　출근하는 자투리 시간에 영어 단어를 외우다.

▶ **자투리땅** : 구획 정리를 한 다음에 남은 건축법에서의 기준 평수에 미치지 못하는 땅 조각.

잔달음

- 발걸음을 좁게 자주 떼면서 바삐 뛰어 달려가는 걸음

예 등교 시간에 늦은 우리는 잔달음질하며 교문에 들어선다.
　선생님 눈을 피하여 교무실을 잔달음질로 지나가다.

▶ **잔걸음** : 발걸음을 작게 자주 떼면서 걷는 걸음 또는 가까운 거리를 자주 왔다 갔다 하는 걸음.
　예 어머니는 해 떨어지기 전에 가야 한다며 잔걸음을 치다.

171

잡도리

- 단단히 준비하거나 대책을 세움 또는 그 대책
- 잘못되지 않도록 엄하게 단속하는 일
- 아주 요란스럽게 닦달하거나 족치는 일

예 그는 일을 시작하기 전에 철저히 잡도리하였다.

이번에 잡도리를 못하면 더 버릇없는 사람이 되고 말 것이다.

▶ **설잡도리** : 아무지지 못하고 어설프게 하는 잡도리.

재우치다

- 빨리 몰아치거나 재촉함

예 어머니는 앞으로 다가앉으며 재우쳐 물었다.

형은 금방이라도 비가 쏟아질 것 같다며 걸음을 재우쳤다.

▶ **재촉하다** : 어떤 일을 빨리 하도록 조름.
예 그는 일행에게 길을 재촉했다.

저어하다

- 염려하거나 두려워함

예 그는 남의 귀를 저어하기는 커녕 오히려 다들 들으란 듯이 큰 소리로 말했다.

임금은 반란군이 저어되어 밤새도록 잠을 이루지 못하다.

▶ **두려워하다** : 꺼려하거나 무서워하는 마음을 갖다.
예 외부의 적만 두려워해서는 안 되고 내부를 잘 정비해야 한다.

적바르다

● 어떤 한도에 겨우 자라거나 이르러 여유가 없음

예 세 식구 생활하기에도 적바른 수입이다.
　　키가 적바르니 놀이기구를 태워줄까 모르겠다.

▶ **적바림하다** : 나중에 참고하기 위하여 글로 간단히 적어 둠.
　　예 장 보러 가기 전에 꼭 필요한 물품을 적바림하다.

족대기다

● 다른 사람을 견디지 못할 정도로 볶아치다 또는 마구 두들겨 팸

예 며느리가 마땅찮은 김 노인은 사사건건 족대겼다.
　　세간이라는 세간은 모조리 족대겨 없애다.

▶ **족치다** : 견디지 못하도록 매우 볶아치다.
　　예 범인을 족쳐 자백을 받다.

주니

● 몹시 지루함을 느끼는 싫증 또는 두렵거나 확고한 자신이 없어서 내키지 아니하는 마음

예 아이는 주니가 나서 투정을 부리기 시작했다.
　　일이 나에게 맞는 일인지 주니가 나다.

▶ **싫증** : 싫은 생각이나 느낌 또는 그런 반응.
　　예 이제 서서히 싫증이 나는구나.

173

주전부리

- 때를 가리지 아니하고 군음식을 자꾸 먹음 또는 그런 입버릇
- 맛이나 재미, 심심풀이로 먹는 음식

예 그녀는 주전부리를 항상 달고 살았다.
　　주전부리를 많이 하면 금방 살이 찐다.

▶ **조잔부리** : 때를 가리지 않고 군음식을 자꾸 먹음 또는 그런 입버릇.
　예 너는 조잔부리 때문에 살이 찐다.

쥐락펴락

- 남을 자기 손아귀에 넣고 마음대로 부리는 모양

예 그는 자신이 경상도를 쥐락펴락한다며 목소리를 높이다.
　　그녀는 남자들을 쥐락펴락하다.

▶ **휘두르다** : 사람이나 일을 제 마음대로 마구 다루다 또는 이리저리 마구 내두르다.
　예 권력을 이용해 사람들을 휘두르다.

지청구

- 아랫사람의 잘못을 꾸짖는 말 또는 까닭 없이 남을 탓하고 원망함

예 또 무슨 지청구를 들을지 몰라 노심초사하다.
　　그는 자신이 잘못한 것이라 누구를 지청구할 수도 없었다.

▶ **지청구꾸러기** : 지청구를 자주 듣는 사람을 낮잡아 이르는 말.

짜장

● 과연 정말로

예 그 소문은 짜장 헛된 이야기는 아니다.
　그는 짜장 사실인 것처럼 이야기를 해서 잘 새겨들어야 한다.

▶ **정말로** : 거짓이 없이 말 그대로.
　예 나는 정말로 네가 좋다.

쭉정이

● 껍질만 있고 속에 알맹이가 들지 아니한 곡식이나 과일 따위의 열매
● 쓸모없게 되어 사람 구실을 제대로 하지 못하는 사람을 비유적으로 이르는 말

예 할머니는 키질로 곡식의 쭉정이를 날려 보냈다.
　김 노인은 자신이 끈 떨어진 연이요 빈 쭉정이에 불과하다 생각했다.

▶ **허울** : 실속이 없는 겉모양.
　예 허울뿐인 명분에 더 이상 속지 않겠다.

천둥벌거숭이

● 철없이 두려운 줄 모르고 함부로 덤벙거리거나 날뛰는 사람을 비유적으로 이르는 말

예 아이고, 아무것도 모르는 것이 천둥벌거숭이 같이 날뛰는구나!
　천둥벌거숭이 같은 자식 놈이 언제나 철이 들까?

▶ 천둥벌거숭이의 원래 뜻은 천둥이 쳐도 두려운 줄 모르는 고추잠자리를 일컬어 부르는 말이었다.
　이 말이 지금은 세상의 이치나 무서움을 모르고 함부로 설쳐대는 사람을 비유적으로 천둥벌거숭이
　이라고 한다.

추레하다

- 겉모양이 깨끗하지 못하고 생기가 없음
- 태도 따위가 너절하고 고상하지 못함

예 옷차림도 영 추레한 것이 소문과는 너무도 다른 모습이었다.
갑자기 졸부가 되더니 나잇값도 못하고 사람이 추레하게 변했어.

▶ **초라하다** : 겉모양이나 옷차림이 호졸근하고 궁상스럽다.
예 우리는 그가 초라하기 짝이 없는 행색으로 나타나 놀라다.

추지다

- 물기가 배어 눅눅함

예 긴 장마로 빨래가 마르지 않아 추지고 이불도 눅눅하다.
난 추진 밥을 싫어한다.

▶ 물기를 많이 머금고 있다는 말로 「축축하고 질다」는 뜻의 경상도 사투리.

치사랑

- 손아랫사람이 손윗사람을 사랑함 또는 그런 사랑

예 내리사랑은 있어도 치사랑은 없다.
그만하면 지극정성 치사랑이 따로 없다.

▶ **올리사랑** : 부모에 대한 자식의 사랑.
▶ **내리사랑** : 자식에 대한 부모의 사랑.

켕기다

● 단단하고 팽팽하게 되다 또는 마음속으로 겁이 나고 탈이 날까 불안해함

예 그는 켕긴 연줄을 힘껏 당겼다가 다시 놓아주었다.
　친구에게 거짓말을 한 것이 켕겨서 마음이 편치 않다.

▶ **피가 켕기다** : 핏줄이 이어진 육친 사이에 남다른 친화력이 있다.
▶ **뒤가 켕기다** : 약점이나 잘못이 있어 마음이 편하지 아니하다.

킷값

● 키에 알맞게 하는 행동을 낮잡아 이르는 말

예 허우대만 멀쩡하지 킷값도 못하는구나.
　키 크고 싱겁지 않은 사람 없다고 킷값도 못한다.

▶ **덩칫값** : 몸집에 어울리는 말과 행동을 낮잡아 이르는 말.
　예 조그만 녀석도 못 이가다니 덩칫값 좀 해라.

투미하다

● 어리석고 둔함

예 피붙이라곤 하나인데 투미하여 걱정이다.
　그는 성질이 아주 투미하고 행동마저 굼뜨다.

▶ **우둔하다** : 어리석고 둔함.
　예 그는 우둔한 외모와는 달리 약삭빠른 사람이다.

177

푸접

- 남에게 인정이나 붙임성, 포용성 따위를 가지고 대함 또는 그런 태도나 상대

예 깐깐하시던 어머니는 손자한테 푸접을 하고 산다.
늙은 사람이 푸접이라도 있어야지.

▶ **푸접스럽다** : 보기에 붙임성이 없이 쌀쌀한 데가 있음.　예 푸접스러워 주위에 사람이 없다.
▶ **푸대접하다** : 정성을 들이지 않고 아무렇게나 대접을 함.
　예 나를 이렇게 푸대접하니 섭섭하기 이를 데 없다.

푹하다

- 겨울 날씨가 퍽 따뜻함

예 올겨울은 날씨가 아주 푹하다.
경칩이 지나 날도 푹하니 산책이나 가자.

▶ **포근하다** : 겨울 날씨가 바람이 없고 따뜻하다.
　예 내일은 낮 기온이 비교적 포근하겠다고 예보되었다.

푼더분하다

- 생김새가 두툼하고 탐스럽다 또는 여유가 있고 넉넉함
- 사람의 성품 따위가 옹졸하지 아니하고 활달함

예 너무 푼더분하게 생겨서 볼품이 없다.
푼더분한 성격 때문에 친구들이 많다.

▶ **푼푼하다** : 모자람이 없이 넉넉하다 또는 옹졸하지 아니하고 너그럽다.
　예 기골이 장대하고 푼푼하니 허투루 대할 수가 없었다.

178

품앗이

● 힘든 일을 서로 거들어 주면서 품을 지고 갚고 하는 일

예 겨울이 되면 온 동네가 김장을 담그는 품앗이로 들썩이다.
나는 내일 안성댁에 품앗이하러 간다.

▶ 품앗이는 품과 앗이가 합해진 단어로 품은 두 팔을 벌려 안은 상태 또는 일을 한 대가를 말한다. 앗이는 내가 해준 대가를 앗아오다는 뜻으로 노동의 교환형식이다.

하릴없다

● 달리 어떻게 할 도리가 없다 또는 조금도 틀림이 없다

예 하릴없으니 포기하는 것이 좋겠다.
세월이 많이 흘러 흰머리가 희끗희끗했지만 하릴없는 그였다.

▶ 틀림없다 : 조금도 어긋나는 일이 없음.
예 그는 한 번 한 약속은 틀림없이 지킨다.

하비다

● 손톱이나 날카로운 물건 따위로 조금 긁어 파냄
● 남의 결점을 드러내어 헐뜯다 또는 아픈 마음을 자극함

예 둘이 치고 박고 싸우더니 얼굴을 하벼 놓았구나.
남의 속을 하비고 나면 네 속은 편하니?

▶ 후비다 : 틈이나 구멍 속을 긁거나 돌려 파내다 또는 마음 등을 괴롭게 하거나 아프게 함.
예 남의 속을 후비는데 소질이 있다.

해거름

● 해가 서쪽으로 넘어가는 일 또는 그런 때

예 하루 종일 방 안에서 뒹굴다가 해거름이 되어서 어딜 가니?
　　해거름이 되니 추워진다.

▶ 해름 : 해가 서쪽으로 넘어가는 일.
　예 동생과 나는 동구 밖까지 나가 어머니를 해름까지 기다렸다.

허드레

● 그다지 중요하지 아니하고 허름하여 함부로 쓸 수 있는 물건

예 부엌 옆에는 허드레 방이 하나 있어 일하는 아이를 들이다.
　　대청소를 할 것이니 허드레로 입는 옷을 입어라.

▶ 허드렛물 : 별로 중요하지 아니한 일에 쓰는 물　예 빗물을 받아 허드렛물로 쓴다.
▶ 허드렛일 : 중요하지 아니하고 허름한 일　예 허드렛일로 시간을 보내다.
▶ 허드렛소리 : 별로 쓸모가 없고 중요하지 아니한 말　예 저녁 내내 허드렛소리하다.

허섭스레기

● 좋은 것이 빠지고 난 뒤에 남은 허름한 물건

예 이삿짐을 싸고 남은 허섭스레기를 처분하다.
　　허섭스레기를 과감히 정리하자.

▶ 허접쓰레기 : 같은 말 허섭스레기.
▶ 허접스럽다 : 허름하고 잡스러운 느낌이 있다.

허술하다

● 낡고 헐어서 보잘것없다 또는 치밀하지 못하고 엉성하여 빈틈이 있음

예 허술한 음식점 같아 보여도 소문난 집이야.
경비가 허술해서 도둑을 맞다.

▶ **허수룹다** : 짜임새나 단정함이 없이 느슨한 데가 있음.
예 그렇게 허수룹게 대답하는 것은 너에게 불리할 수 있다.

허출하다

● 허기가 지고 출출함

예 우리 허출한데 뭐 시켜 먹자.
저녁을 조금 먹어서 배가 허출하다.

▶ **출출하다** : 배가 고픈 느낌이 있다.
예 배가 출출하던 참에 동생이 라면을 끓이다.

헛물켜다

● 애쓴 보람 없이 헛일로 됨

예 그는 결혼을 하기 위해 노력했지만 번번이 헛물켜다.
괜히 헛물켜다 망신당하다.

▶ **헛수고하다** : 아무 보람도 없이 애를 씀. 예 그 동안의 노력이 헛수고가 될 것이다.
▶ **헛되다** : 아무 보람이나 실속이 없음. 예 헛된 거짓말로 현혹하지 마라.

헤식다

- 바탕이 단단하지 못하여 헤지기 쉽다 또는 차진 기운이 없이 푸슬푸슬함
- 맺고 끊는 데가 없이 싱겁다 또는 일판이나 술판 따위에서 흥이 깨어져 서먹함

예 열정은 헤식게 풀어져서 아주 시시껄렁하다.
　헤식은 보리밥에 반찬 몇 가지뿐이어서 금방 배가 고프다.

▶ **헤살질** : 남의 일에 짓궂게 훼방을 놓는 짓.
　예 그렇게 헤살질을 놓다가는 벌 받는다.

호다

- 헝겊을 겹쳐 바늘땀을 성기게 꿰맴

예 구멍 난 바지를 호다.
　여러 겹을 맞대어 듬성듬성 호다.

▶ **꿰매다** : 옷 따위의 해지거나 뚫어진 데를 바늘로 깁거나 얽어매다.
　예 할머니는 해진 양말을 꿰매 주셨다.

홰

- 새장이나 닭장 속에 새나 닭이 올라앉게 가로질러 놓은 나무 막대
- 새벽에 닭이 올라앉은 나무 막대를 치면서 우는 차례를 세는 단위

예 닭이 홰에 올라앉았다.
　삼경이 지나 닭이 한 홰 울 때에 그는 잠이 깨었다.

▶ **횃대** : 옷을 걸 수 있게 만든 막대.
　예 그는 옷을 벗어 횃대에 아무렇게나 걸어 둔다.

흐드러지다

● 매우 탐스럽거나 한창 성하다 또는 매우 흐뭇하거나 푸지다

예 벗꽃이 흐드러진 봄날이었다.
　　그녀의 흐드러진 웃음소리에 나도 모르게 미소 짓다.

▶ **흐무러지다** : 잘 익어서 무르녹다 또는 물에 불어서 매우 물렁거리게 되다.
　　예 김이 모락모락 나는 흐무러진 순두부

희끄무레하다

● 어떤 사물의 모습이나 불빛 따위가 선명하지 아니하고 흐릿함

예 희끄무레한 달빛을 받으니 신성하게 보이다.
　　나는 선명한 색을 좋아하는데 그건 너무 희끄무레하다.

▶ **해끄무레하다** : 생김새가 반듯하고 빛깔이 조금 하얗다.
　　예 그 여자는 해끄무레하고 곱게 눈웃음을 치는 귀여운 얼굴이다.

희떱다

● 실속은 없어도 마음이 넓고 손이 크다 또는 말이나 행동이 분에 넘치며 버릇이 없음

예 어머니는 손이 크고 씀씀이가 희떱다.
　　희떠운 소리 그만하고 집에 가서 잠이나 자라.

▶ **후덥다** : 열기가 차서 답답할 정도로 더운 느낌이 있다.
　　예 바람 한 점 없는 후더운.

PART 4

우리가 잘 모르고 쓰는
외국어 낱말

▶ 가스레인지 gas range
가스를 연료로 사용하여 음식을 조리하는 기구

- 가스레인지 위에 올려놓은 냄비에서 물이 끓고 있습니다.
- 소스 냄비에 남은 야채를 넣고 가스레인지에 중간불로 가열하세요.

  ↳ 잘못된 표기 : 가스렌지, 개스레인지, 개스렌지

▶ 가운 gown
실내에서 겉에 입는 헐렁하고 긴 웃옷

- 학사모에 가운을 입은 졸업생들이 가족들과 사진을 찍느라 분주했다.
- 그 호텔의 가운은 비싼 거라 분실률이 높아!

  ↳ 잘못된 표기 : 까운

▶ 개그 gag
연극, 영화, 텔레비전 프로그램 따위에서 관객을 웃게 하기 위하여 하는 대사나 몸짓

- 그녀는 그의 썰렁한 개그에 웃음이 나왔다.
- 그는 개그 콘테스트에 참가하기 위해 많은 준비를 했다.

  ↳ 잘못된 표기 : 가그, 게그

▶ 거즈 gauze
가볍고 부드러운 무명베. 흔히 붕대로 사용함

- 엄마는 상처를 거즈로 감았다.
- 상처 부위를 닦을 때는 거즈를 사용해라.

  ↳ 잘못된 표기 : 꺼즈, 가우즈, 가제, 거제

걸스카우트 Girl Scout

소녀들의 수양 및 사회봉사를 목적으로 세계적으로 조직된 단체

- 나는 초등학교 때 걸스카우트로 활동 했어.
- 걸스카우트의 사명은 세계시민으로서 그들의 잠재력을 최대한 개발하는 데 있다.

  ㄴ, 잘못된 표기 : 걸 스카웃, 걸스카우츠

게릴라 guerrilla

주로 적의 배후나 측면에서 기습·교란·파괴 따위의 활동을 하는 특수 부대나 함대 또는
비정규 부대

- 게릴라 요원들은 군사 교육과 함께 특수 훈련을 받는다.
- 서울에 게릴라성 폭우가 쏟아졌다.

  ㄴ, 잘못된 표기 : 게리라, 게릴러, 구에릴라

골드러시 gold rush

새로 발견된 금광으로 사람들이 몰려드는 것. 금의 가격 상승을 예상하여 많은 사람이
금을 사려고 몰려드는 현상

- 골드러시가 아메리카를 휩쓸 때 청바지가 탄생했어.
- 아시아권 국가들에서 이례적인 골드러시 현상이 벌어지고 있습니다.

  ㄴ, 잘못된 표기 : 골드러쉬, 고울드러시

글라스 glass

유리, 유리잔

- 그녀는 내게 샴페인 글라스를 건네주었다.
- 주스를 글라스에 반만 따라 주세요.

  ㄴ, 잘못된 표기 : 그라스, 글래스, 그래스

▶ 글래머 glamour girl
육체가 풍만하여 성적 매력이 있는 여성

- 나는 마른 여자보다 글래머를 좋아한다.
- 글래머러스는 '매력적인'을 의미하는 형용사야!
  - ↳ 잘못된 표기 : 그래머

▶ 글러브 glove
권투, 야구, 하키, 펜싱 따위를 할 때 손에 끼는 장갑

- 나는 아빠에게 야구 글러브를 사 달라고 졸랐다.
- 친구들과 권투 글러브를 끼고 권투를 했다.
  - ↳ 잘못된 표기 : 그러브, 글로브

▶ 그리스 Greece
유럽 동남부 발칸 반도의 남쪽 끝에 위치한 공화국. 발칸 반도 남단부와 주변의 섬들로 이루어진 서양 고대 문명의 발상지로 1829년 오스만 제국에서 독립하여 왕국이 되었으며, 1973에는 공화국이 됨

- 그리스에는 많은 신화들이 존재한다.
- 제우스 신전은 그리스에서 가장 큰 규모의 신전이다.
  - ↳ 잘못된 표기 : 그리이스

▶ 깁스 gips
석고. 석고 붕대의 준말

- 철민이는 오늘부터 깁스했던 다리를 풀고 물리 치료를 받았다.
- 농구를 하다 팔이 부러져 한동안 깁스하고 다녀야 했다.
  - ↳ 잘못된 표기 : 기브스, 집스

▶ 나프탈렌 naphthalene
벤젠핵이 두 개 접합한 구조를 가진 방향족 탄화수소. 방부제 · 방충제 · 방취제로 쓰임

- 나는 나프탈렌 냄새가 싫다.
- 나프탈렌을 이용해 보관한 옷은 충분히 통풍시킨 후 입는다.

  ↳ 잘못된 표기 : 나프타린, 나프탈린, 나푸탈렌

▶ 난센스 nonsense
이치에 맞지 아니하거나 평범하지 아니한 말이나 일

- 큰 부자가 세금을 낼 돈이 없다는 것은 난센스입니다.
- 오늘 난센스 퀴즈는 영미가 모두 맞혔습니다.

  ↳ 잘못된 표기 : 넌센스, 넌쎈스, 난쎈스

▶ 내레이션 narration
영화, 방송극, 연극 따위에서, 장면에 나타나지 않으면서 장면의 진행에 따라 그 내용이나 줄거리를 장외(場外)에서 해설하는 일

- 그녀는 방송국 다큐멘터리에 내레이션으로 참여했다.
- 내레이션도 유행의 한 흐름으로 보는 시각도 있다.

  ↳ 잘못된 표기 : 나레이션, 나래숀, 네레이션, 나래션

▶ 내셔널 national
국가의, 전국적인, 전 국민의

- 그는 미국프로야구 내셔널리그 올스타 최고 인기선수가 됐다.
- 내셔널 뱅크 자동 안내를 이용하다.

  ↳ 잘못된 표기 : 내쇼날

▶ 내추럴 natural
자연의, 자연 발생적인

- 요즘은 내추럴 디자인이 인기 있다.
- 내추럴한 공간에 화려한 조명으로 포인트를 주면 좋겠다.

  ㄴ 잘못된 표기 : 내츄럴, 내추랄, 나츄랄

▶ 너트 nut
볼트에 끼워서 기계 부품 따위를 고정하는 데에 쓰는 공구

- 너트가 헐거워서 틈이 벌어진다.
- 일반적으로 너트의 모양은 6각형이다.

  ㄴ 잘못된 표기 : 넛트

▶ 네거티브 negative
사진의 원판. 음해성 발언이나 행동 등에도 쓰임

- 이 책은 네거티브 필름의 색깔 조정에 관한 것이다.
- 그는 네거티브 공격에 무너졌다.

  ㄴ 잘못된 표기 : 네가티브

▶ 네온사인 neon sign
유리관을 필요한 모양대로 구부리고 전극을 삽입한 네온관을 만들어서 여러 가지 빛을 내도록 하는 장치

- 화려한 네온사인은 광고용으로 널리 이용된다.
- 네온사인의 빛이 그의 어두운 얼굴을 비추다.

  ㄴ 잘못된 표기 : 네온싸인

▶ 네트워크 network
라디오나 텔레비전의 방송에서, 각 방송국을 연결하여 동시에 같은 프로그램을 방송하는 체제

- 글로벌 네트워크를 구축하게 됐다.
- 오전 내내 네트워크 접속이 원활하지 않았다.

  ↳ 잘못된 표기 : 네트 웍, 넷워크

▶ 노스탤지어 nostalgia
고향을 몹시 그리워하는 마음

- 노스탤지어 속에서 벗어나지 못하는 한 이민자의 모습은 몹시 서글퍼 보인다.
- 영원한 노스탤지어의 손수건. 누군가에게는 '슬프고도 애달픈 마음' 이었다.

  ↳ 잘못된 표기 : 노스탈지어, 노스탤지야

▶ 노히트노런 no-hit no-run
노히트노런의, 무안타의

- 노히트노런이라는 진기록이 완성됐다.
- 그 투수는 상대편을 노히트노런으로 완투하다.

  ↳ 잘못된 표기 : 노힛트노런

▶ 니트 knit
뜨개질하여 만든 옷이나 옷감

- 그녀는 하늘색 니트 원피스를 입고 있다.
- 가벼운 니트 차림으로 외출하다.

  ↳ 잘못된 표기 : 닛트

191

▶ 다이내믹 dynamic
원동력, 동력

- 그 뮤지컬은 다이내믹한 율동이 돋보인다.
- 메이저 선수들의 움직임이 다이내믹하다.
  ↳ 잘못된 표기 : 다이나믹, 다이내미크

▶ 다이아몬드 diamond
금강석

- 언니의 손가락에는 다이아몬드 반지가 빛나고 있다.
- 그 다이아몬드는 최고가에 낙찰 되었어.
  ↳ 잘못된 표기 : 다이아먼드, 디아몬드

▶ 다이얼 dial
상대편 번호를 돌리기 위한 전화기의 숫자 회전 장치

- 오래된 다이얼 전화기가 소품으로 사용되다.
- 다이얼 라디오를 벼룩시장에서 구입했어!
  ↳ 잘못된 표기 : 다이알, 디알

▶ 다큐멘터리 documentary
실제로 있었던 어떤 사건을 극적인 허구성이 없이 그 전개에 따라 사실적으로 그린 것

- 어젯밤 멸종 위기에 빠진 종에 대한 다큐멘터리를 방영했다.
- 그녀는 유명한 다큐멘터리 감독이야!
  ↳ 잘못된 표기 : 도큐멘터리, 다큐멘타리

▶ 댄스 dance
서양식의 사교춤

- 그 대학은 댄스 동아리가 유명해!
- 그녀는 하늘색 스커트에 흰 구두를 신고 댄스파티에 갔다.

  ↳ 잘못된 표기 : 땐스, 댄쓰

▶ 댐 dam
발전, 수리 따위의 목적으로 강이나 바닷물을 막아 두기 위하여 쌓은 둑

- 노인은 댐이 생기면서 수몰된 마을을 마음속에 그려보았다.
- 댐 건설이 환경에 미치는 영향은 긍정적인 면과 부정적인 면이 있다.

  ↳ 잘못된 표기 : 땜

▶ 더그아웃 dugout
야구장의 선수 대기석. 1루 쪽과 3루 쪽에 있는데, 평지를 파서 만듦

- 삼진아웃을 당한 타자는 고개를 숙이고 더그아웃으로 들어오고 있다.
- 그는 경기 종료 후 더그아웃에 앉아 생각에 잠겨 있다.

  ↳ 잘못된 표기 : 덕아웃, 두그아웃

▶ 데뷔 debut
일정한 활동 분야에 처음으로 등장하는 것

- 그녀가 가요계에 데뷔한 지 벌써 10년이 넘었다.
- 드디어 어머니는 화가로 미술계에 데뷔하셨습니다.

  ↳ 잘못된 표기 : 디뷔, 디부트

▶ 도넛 doughnut
밀가루에 베이킹파우더, 설탕, 달걀 따위를 섞어 이겨서 경단이나 고리 모양으로 만들어 기름에 튀긴 과자

- 점심은 커피와 도넛 하나면 된다.
- 그 가게는 도넛만 팔아!
  ㄴ, 잘못된 표기 : 도나스, 도너스, 도너츠, 도우넛

▶ 도킹 docking
인공위성, 우주선 따위가 우주 공간에서 서로 결합함. 또는 그런 일

- 내년에 우주왕복선을 우주정거장에 도킹시킬 것이다.
- 두 우주선은 남미 상공에서 도킹했다.
  ㄴ, 잘못된 표기 : 독킹, 독잉

▶ 듀엣 duet
이중창 또는 이중주를 이르는 말

- 그는 형과 듀엣으로 노래를 불렀다.
- 그들이 듀엣으로 앨범을 발매할지 궁금하네요.
  ㄴ, 잘못된 표기 : 뚜엣, 듀에트, 두에트, 두엣

▶ 드라이클리닝 dry cleaning
물 대신 유기 용제로 때를 빼는 세탁 방법

- 어머니께서는 아버지의 양복을 드라이클리닝을 위해 세탁소에 맡기셨습니다.
- 북한에서는 드라이클리닝을 화학 빨래라고 합니다.
  ㄴ, 잘못된 표기 : 드라이크리닝, 드리클리닝

▶ 디즈니랜드 Disneyland

미국의 만화 영화 제작자 디즈니가 1955년에 로스앤젤레스 교외에 설립한 어린이 놀이터

- 디즈니랜드는 로스앤젤레스에 있는 대규모 오락시설이다.
- 여름 방학에 디즈니랜드에 갈 계획이야!
  - ↳ 잘못된 표기 : 디즈니란드, 디즈닐랜드

▶ 디지털 digital

물질의 형태를 숫자나 문자로 바꾸는 것

- 그것은 디지털 혁명과도 같은 일이야!
- 이제 세상은 아날로그 방식에서 디지털 방식으로 발전하고 있습니다.
  - ↳ 잘못된 표기 : 디지탈

▶ 딜레마 dilemma

선택해야 할 길은 두 가지 중 하나로 정해져 있는데, 그 어느 쪽을 선택해도 바람직하지 못한 결과가 나오게 되는 곤란한 상황

- 누구도 인생의 딜레마에 대한 해답을 갖고 있지 않다.
- 딜레마는 일반적으로 진퇴양난에 빠졌다는 의미이다.
  - ↳ 잘못된 표기 : 딜렘마

▶ 라일락 lilac

물푸레나뭇과의 낙엽 활엽 관목

- 라일락은 꽃이 예쁠 뿐더러 향기도 좋다.
- 그 도시는 매년 라일락 축제가 열린다.
  - ↳ 잘못된 표기 : 리락, 라이락

▶ 랑데부 rendezvous
인공위성이나 우주선이 우주 공간에서 만나는 일 또는 특정한 시각과 장소를 정해 만남

- 그 두 우주선은 우주에서 랑데부에 성공했다.
- '랑데부 데 서울'은 모든 종류의 프랑스 문화를 아우르는 예술 축제가 될 전망이다.
  - └ 잘못된 표기 : 랑데뷰, 레덴쯔보우스

▶ 러닝셔츠 running shirt
운동 경기할 때 선수들이 입는 소매 없는 셔츠

- 러닝셔츠 바람의 학생들이 테니스 코트에 모여 테니스를 하고 있었습니다.
- 아빠는 더우신지 러닝셔츠만 입고 소파에 앉아 계십니다.
  - └ 잘못된 표기 : 런닝셔츠

▶ 러브레터 love letter
사랑의 편지

- 그녀는 그에게 러브레터를 받고 사랑에 푹 빠지다.
- 영화 '러브레터'는 우리나라에서도 큰 인기를 끌었던 영화야!
  - └ 잘못된 표기 : 러브레타

▶ 레이더 radar
목표 물체를 향하여 마이크로파를 발사하고 그 반사파를 받아서 물체의 상태나 위치를 찾아내는 장치

- 이번에 새로 개발된 미사일은 적의 레이더에 탐지되지 않는 새로운 미사일입니다.
- 해군은 잠항하는 적의 잠수함을 레이더로 포착하였습니다.
  - └ 잘못된 표기 : 레이다, 라이다

196

▶ 레크리에이션 recreation

피로를 풀고 새로운 힘을 얻기 위하여 함께 모여 놀거나 운동 따위를 즐기는 일

- 기분을 전환하기 위하여 레크리에이션 시간을 많이 갖는 것도 중요한 일과의 하나입니다.
- 요즘은 대학에 레크리에이션을 가르치는 학과가 있을 정도로 인기가 있습니다.
  - ↳ 잘못된 표기 : 레크레이션, 리크리에이션

▶ 렌즈 lens

빛을 모으거나 분산하기 위하여 수정이나 유리를 갈아서 만든 투명한 물체

- 어제 어머니는 안과에서 검사를 한 뒤 렌즈를 맞추었습니다.
- 아버지는 사진 찍기에 취미가 있어 많은 카메라 렌즈를 가지고 계십니다.
  - ↳ 잘못된 표기 : 렌스

▶ 로봇 robot

인간과 비슷한 형태를 가지고 걷기도 하고 말도 하는 기계 장치

- 다양한 산업용 로봇이 등장 하면서 많은 노동자가 일자리를 잃게 되었습니다.
- 아이가 선물로 받은 작은 장난감 로봇을 조립하고 있습니다.
  - ↳ 잘못된 표기 : 로보트

▶ 로스앤젤레스 Los Angeles

미국 서부 캘리포니아 주 서남부에 있는 도시로 석유 공업과 영화 산업으로 크게 발전함. 서부의 상업 중심지임

- 4월부터 로스앤젤레스 지사에서 근무합니다.
- 로스앤젤레스에 오전에 도착하는 항공편을 알아봐!
  - ↳ 잘못된 표기 : 로스안젤레스, 로스앤젤스

▶ 로열패밀리 royal family
황제나 왕의 가족 또는 특정 사회에서 귀빈 대접을 받는 사람의 가족

- 상류층 집단을 로열패밀리로도 표현한다.
- 영국의 로열패밀리 행사는 전 세계인들의 주목을 받는다.
  ↳ 잘못된 표기 : 로얄패밀리

▶ 로켓 rocket
고온 고압의 가스를 발생, 분출시켜 그 반동으로 추진하는 장치

- 우리나라에서도 지난해 처음으로 로켓을 발사했습니다.
- 로켓의 발달은 우주 탐험의 길을 열어 우주여행을 할 수 있는 계기를 만들었습니다.
  ↳ 잘못된 표기 : 로케트

▶ 뢴트겐 Rontgen
독일의 실험 물리학자. 음극선을 연구 하던 중 크룩스관에서 나오는 투과성이 강한 방사선을 발견, 이를 엑스(X)선이라 명명했음. 이것이 곧 뢴트겐선임

- 엑스선 검사와 뢴트겐 검사는 같은 말이야!
- 뢴트겐선은 각 분야에서 이용되며 진단과 치료에 크게 기여하고 있다.
  ↳ 잘못된 표기 : 렌트겐, 륀트겐

▶ 루소 Rousseau, Jean jacques
프랑스의 계몽 사상가(1712~1778). 이성에 대하여 감성의 우위를 주장하고, 인위적인 문명사회에 있어서의 타락을 비판하고 자연으로 돌아갈 것을 역설하였음. 저서에 '사회 계약론, 에밀' 등이 있음

- 루소는 시계수리공이었던 아버지가 일을 할 때마다 책을 읽었다.
  ↳ 잘못된 표기 : 루쏘

▶ 류머티즘 rheumatism
뼈, 관절, 근육 따위가 단단하게 굳거나 아프며 운동하기가 곤란한 증상

- 그는 류머티즘으로 고생하고 있다.
  - └ 잘못된 표기 : 류마티스, 류마티즘

▶ 르네상스 Renaissance
'재생 · 부활'의 뜻. 14~16세기 이탈리아에서 서유럽까지 확대된 인간성 해방을 위한 문화 혁신 운동. 도시의 발달과 상업 자본의 형성을 배경으로 하여 개성 · 합리성 · 현세적 욕구를 구하는 반중세적 정신 운동이 약동하였음. 이 새로운 근대적 가치의 창조가 고대 그리스 · 로마 문화 부흥이라는 형식을 취하였음으로 '재생'을 뜻하는 르네상스라는 말로 표현되었음. 문화 혁신은 문학 · 미술 · 건축 · 자연 과학 등 다방면에 걸쳐 서유럽 근대화의 사상적 원류가 되었음

- 미술 분야에서 르네상스 정신이 가장 두드러지게 꽃피우다.
  - └ 잘못된 표기 : 르네쌍스

▶ 립싱크 lip sync
텔레비전이나 영화에서, 화면에 나오는 배우나 가수의 입술 움직임과 음성을 일치시키는 일

- 그는 공연할 때 절대 립싱크로 노래하지 않는다.
  - └ 잘못된 표기 : 립씽크, 립신크

▶ 링거 Ringer
링거액(수소 이온 농도 따위를 혈청과 같은 수준으로 만든 체액의 대용액)

- 간호사는 링거 병을 바꾼 뒤 환자를 지켜보았습니다.
  - └ 잘못된 표기 : 링게르, 닝겔, 링어

▶ 마르세유 Marseille

프랑스 남부에 있는 항구 도시. 론 강 어귀에 있는 지중해 최대의 무역항

- 마르세유는 지중해성 기후로 겨울엔 온난다습하고 여름엔 건조하다.
- 그 호텔은 마르세유 항구에 위치해 있다.
  ↳ 잘못된 표기 : 마르세이유

▶ 마르크스 Marx, Karl Heinrich

독일의 혁명가 · 경제학자(1818~1883). 독일의 관념론과 공상적 사회주의, 고전 경제학을 비판하고 과학적 사회주의를 창시하였음. 역사의 유물 변증법적 해석으로 프롤레타리아의 역할을 인식하고 이의 해방을 추구하여 계급투쟁의 이론을 수립함. 공산당에 가입하여 엥겔스와 함께 '공산당 선언'을 기초하고, 제 1 인터내셔널을 지도함. 저서에 '자본론'이 있음

- 그들은 마르크스의 이론을 해석하기 위해서 연구해 왔다.
  ↳ 잘못된 표기 : 맑스

▶ 마사지 massage

안마

- 뭉친 근육을 푸는 데는 마사지가 최고이다.
- 마사지는 혈액이나 림프의 순환을 촉진하고 신진대사를 왕성하게 도와준다.
  ↳ 잘못된 표기 : 맛사지, 마싸지

▶ 마셜 플랜 Marshall Plan

제2차 세계 대전 후 미국의 원조로 이루어진 유럽 경제 부흥 계획. 1947년 6월, 당시 미국의 장관인 마셜이 하버드 대학에서 행한 연설을 기초로 파리에서의 유럽 부흥회의 보고서를 검토하여 작성한 계획으로, 그 때까지의 국가별 원조를 지양하고 지역적인 원조를 주장함

- 마셜 플랜은 프랑스와 독일이 유럽공동시장 결성에 착수하는 계기가 되었다.
  ↳ 잘못된 표기 : 마샬플랜, 마셜플란

▶ 마스터 master
어떤 기술이나 내용을 배워서 충분히 익히는 일

- 번역사가 되기 위해 반드시 영어를 마스터하고 싶다.
- 쓰기는 언어 영역 중에서 가장 마스터하기 힘들다.
  ↳ 잘못된 표기 : 매스터, 매스타

▶ 마요네즈 mayonnaise
샐러드용 소스의 하나

- 요리사는 샐러드를 만들 때 마요네즈 소스를 주로 많이 씁니다.
- 어머니께서는 달걀노른자, 샐러드유, 식초, 소금, 설탕을 섞어 마요네즈를 집에서 만드신다.
  ↳ 잘못된 표기 : 마요네스

▶ 매거진 magazine
잡지

- 패션 매거진을 독자들에게 특별 가격으로 제공해드립니다.
- 다양성을 넘어서 매거진의 홍수 같아!
  ↳ 잘못된 표기 : 매가진

▶ 매뉴얼 manual
설명서, 사용서

- 매뉴얼을 잘 읽고 나서 기계를 조작하시오.
- 어머니는 새로 사온 세탁기의 매뉴얼을 읽고 있습니다.
  ↳ 잘못된 표기 : 매누얼

▶ 멀티비전 multivision
여러 개의 화면에 하나의 영상을 만들어 내거나 각기 다른 영상을 만들어 내는 장치

- 박물관에 46개의 LCD모니터로 구성된 멀티비전이 설치되다.
- 멀티비전을 사용하는 극장을 찾고 있어!
  ↳ 잘못된 표기 : 멀티비젼, 멀티비죤

▶ 모차르트 Mozart Wolfgang Amadeus
하이든과 함께 18세기의 빈 고전파를 대표하는 오스트리아의 작곡가

- 모차르트가 작곡한 교향곡 제41번 교향곡은 세계 3대 교향곡으로 꼽힙니다.
- 그의 본명은 볼프강 아마데우스 모차르트라고 합니다.
  ↳ 잘못된 표현 : 모짜르트, 모짤트

▶ 몽타주 montage
여러 사람의 사진에서 얼굴의 각 부분을 따로 따서 합쳐 만들어 어떤 사람의 형상을 이루게 한 사진

- 경찰은 유괴범의 몽타주를 공개했다.
- 목격자의 진술을 토대로 몽타주를 만들다.
  ↳ 잘못된 표기 : 몽타쥬, 몬테이지, 몽테이지, 몽타쥐

▶ 물랭루주 Moulin Rouge
프랑스 파리에 있는 극장

- 물랭루주는 19세기 프랑스를 떠올리게 하는 곳이다.
- 파리 밤 문화의 상징이었던 물랭루주는 캉캉으로 유명하다.
  ↳ 잘못된 표기 : 무랑루즈, 물랑루즈, 물랭루즈

뮤지컬 musical
미국에서 발달한 현대 음악극의 한 형식

- 그 뮤지컬은 관객들의 큰 호응을 받았다.
- 뮤지컬 '맘마미아'는 아바의 음악을 바탕으로 만들어졌다.
  ↳ 잘못된 표기 : 뮤지칼

미라 Mira
썩지 않고 건조되어 원래 상태에 가까운 모습으로 남아 있는 인간이나 동물의 시체

- 미라는 시체에서 내장과 체액을 꺼낸 후 방부제를 넣어 몸이 썩지 않도록 만든 것입니다.
- 얼마 전에 3백년이 넘은 무덤에서 완벽한 여인의 미라가 발굴되었다고 합니다.
  ↳ 잘못된 표기 : 미이라, 마이라

바리케이드 barricade
길 위에 임시로 쌓은 방어 시설

- 그는 경찰이 세워 놓은 바리케이드로 돌진했다.
- 혁명 경험이 풍부한 파리 시민들은 이번에도 거리에 바리케이드를 쳤다.
  ↳ 잘못된 표기 : 바리케이트, 배리캐이드, 바리카드

바비큐 barbecue
돼지나 소 따위를 통째로 불에 구운 요리

- 아버지는 정원에서 친척들과 함께 바비큐 파티를 열었습니다.
- 우리 가족은 야외에서 통돼지 바비큐를 해서 먹었습니다.
  ↳ 잘못된 표기 : 바베큐

▶ 바오바브나무 baobab

판자과의 낙엽 교목. 높이 20M, 가슴둘레 10M임. 잎은 겹잎으로 어긋나며 꽃은 백색이고 열매는 수세미와 비슷함. 나무껍질은 섬유용. 열매는 식용·약용함. 아프리카 특산으로 아프리카에서는 신성하게 여기며, 수령 5,000년에 달하는 노목도 있음

- 바오바브나무는 마다가스카르 섬이 원산지이다.
- 어린왕자는 바오바브나무 이야기와 자신의 별에 있는 꽃을 얘기했다.
  - ↳ 잘못된 표기 : 바오밥나무, 배오바브나무

▶ 바이올린 violin

서양 현악기의 하나

- 오늘날에도 최고 품질의 바이올린은 수작업으로 제작된다.
- 그녀는 바이올린에 재능이 있다.
  - ↳ 잘못된 표기 : 바이얼린

▶ 바통 · 배턴 baton

계주를 할 때 사용하는 봉

- 이어달리기를 하다가 그만 내 차례에서 바통·배턴을 떨어뜨려 우리 편이 이기지 못했다.
- 이어달리기에서 바통·배턴을 주고받는 것이 중요합니다.
  - ↳ 올바른 표기 : 바통·배턴(바통과 배턴은 동의어로 모두 쓸 수 있다.)
    잘못된 표기 : 바톤, 배통

▶ 배지 badge

어떠한 것을 기념하기 위하여 옷이나 모자 따위에 붙이는 물건

- 그는 항상 배지를 광을 내어 가슴에 달고 다녔습니다.
- 할아버지는 다양한 모양의 배지가 달린 모자를 쓰고 계셨다.
  - ↳ 잘못된 표기 : 뺏지, 배드지, 뱃지

▶ 배터리 battery
축전지 또는 투수와 포수

- 휴대 전화의 배터리가 떨어져 통화 도중에 끊어졌습니다.
- 전자시계에는 동그란 전자 배터리가 사용됩니다.
  ↳ 잘못된 표기 : 밧데리, 바테리

▶ 백미러 back mirror
뒤쪽을 보기 위하여 자동차나 자전거 따위에 붙인 거울

- 뒤따라오는 차를 백미러로 살펴보았다.
- 후진하기 전에 백미러를 확인해라.
  ↳ 잘못된 표기 : 백밀러

▶ 밸런타인데이 Valentine Day
발렌티누스의 축일(祝日)인 2월 14일을 이르는 말

- 내년에는 절대 밸런타인데이를 혼자 보내지 않을 거야!
- 밸런타인데이는 1980년대 중반 일본에서 우리나라로 유입되었다.
  ↳ 잘못된 표기 : 발렌타인데이

▶ 밸브 valve
유체의 양이나 압력을 제어하는 장치

- 가스 밸브를 확실히 잠갔니?
- 밸브가 꽉 잠기지 않습니다.
  ↳ 잘못된 표기 : 벨브, 발브, 벌브, 밸부

▶ 범퍼 bumper
충돌 사고 발생 시 충격을 완화하기 위하여 자동차의 앞과 뒤에 설치한 장치

- 내 차의 앞 범퍼를 수리해야 한다.
- 그 차의 범퍼는 크롬 도금이 된 강철로 만들어져 있다.
  ↳ 잘못된 표기 : 밤바, 밤파

▶ 벨트 belt
허리띠 또는 두 개의 바퀴에 걸어 동력을 전하는 띠 모양의 물건

- 그는 너무 배가 불러 허리 벨트를 풀었다.
- 공장에 있는 컨베이어 벨트 중 하나가 멈췄다.
  ↳ 잘못된 표기 : 밸트, 빌트

▶ 보이스카우트 Boy Scouts
청소년의 인격 양성 및 사회봉사를 목표로 하는 국제적 교육 훈련 단체. 영국의 베이든 파월이 창설함

- 수천 명의 보이스카우트들은 매년 여름 잼버리 대회를 위해 한자리에 모인다.
- 민수는 보이스카우트 단원으로 입단했어!
  ↳ 올바른 표기 : 보이 스카우트, 보이스카우트
    잘못된 표기 : 보이스카우, 보이스카웃트, 보이스코우트

▶ 부르주아 bourgeois
근대 사회에서, 자본가 계급에 속하는 사람

- 그것이 소위 부르주아 근성이라는 것이다.
- 그들이 다른 사람들에게 부르주아적 생각을 감염시킬 수 있다고 그는 생각했다.
  ↳ 잘못된 표기 : 부르조아, 부르지아, 보어지오스

블라우스 blouse
여자나 아이들이 입는 셔츠 모양의 윗옷

- 그녀는 흰색 반바지에 파란색 블라우스를 입고 있다.
- 면접 때 입을 블라우스를 구입할 생각이야.
  ↳ 잘못된 표기 : 브라우스

블록 block
주거 지대 따위의 작은 단위들을 몇 개 합친 일정한 구획

- 한 블록 지나서 오른편을 가면 우체국이 보입니다.
- 여기서 다섯 블록을 더 걸어가면 관광 안내소가 나옵니다.
  ↳ 잘못된 표기 : 불락, 블럭

비너스 Venus
로마 신화에 나오는 미와 사랑의 여신 베누스. 그리스 신화는 아프로디테에 해당하고 '비너스' 는 영어 이름

- 나는 보티첼리의 '비너스의 탄생' 을 좋아한다.
- 비너스는 미와 풍요의 상징에서 모성과 미의 상징으로 폭넓게 사용된다.
  ↳ 잘못된 표기 : 비나스, 비네스, 비내스

비스킷 biscuit
밀가루에 설탕, 버터, 우유 따위를 섞어서 구운 과자

- 어머니가 손수 구워 주신 비스킷은 입에서 녹는 것 같았습니다.
- 오븐에서 갓 구워 낸 비스킷이라 바삭바삭하고 맛있다.
  ↳ 잘못된 표기 : 비스케트, 비스켓, 비스키트

▶ 비엔날레 biennale
이탈리아 베니스에서 열리는 대규모의 국제 미술 전람회

- 세계 각지에서 여러 종류의 비엔날레가 열리고 있다.
- 그녀는 비엔날레 미술 감독이 되어 유명해졌다.
  - ↳ 잘못된 표기 : 바이엔날레, 비애날레

▶ 비전 vision
내다보이는 장래의 상황

- 환경 산업은 비전이 있는 사업입니다.
- 비전이 있는 사람만이 시대를 앞서 갈 수 있습니다.
  - ↳ 잘못된 표기 : 비젼, 비죤, 비존

▶ 사보타주 sabotage
태업-표면적으로 취업을 하면서도 집단적으로 작업 능률을 저하시켜 고용주에게 손해를
주는 쟁의 행위

- 기차 탈선 사고를 조사하는 경찰은 사보타주 가능성도 배제하지 않고 있다.
- 그녀는 국정의 사보타주라며 야당을 비난했다.
  - ↳ 잘못된 표기 : 사보타쥬, 사보타즈, 싸보타즈

▶ 사이클 cycle
순환 과정

- 사업의 흥망성쇠도 변화하는 사이클이 있는 듯합니다.
- 지구는 일 년을 사이클로 태양의 주위를 돌고 있습니다.
  - ↳ 잘못된 표기 : 싸이클

사인 sign
자기만의 독특한 방법으로 자신의 이름을 적는 것 또는 몸짓이나 눈짓 따위로 의사를 전달하는 일

- 영화 개봉에 앞서 출연 배우들의 사인회가 열렸습니다.
- 그는 내게 도망가라는 사인을 보내다.

  ↳ 잘못된 표기 : 싸인

색소폰 saxophone
목관 악기의 하나

- 그는 즉흥연주 능력을 가진 색소폰 연주가였다.
- 색소폰은 전문매장에서 구입하는 것이 좋다.

  ↳ 잘못된 표기 : 색스폰, 섹소폰

샌들 sandal
나무, 가죽 등으로 바닥을 만들고 이를 가느다란 끈으로 발등에 매어 신게 만든 신발

- 양말에 샌들을 신은 모습이 무척 어색해 보였습니다.
- 그녀는 가죽으로 만든 고급 샌들을 주로 신고 다녔습니다.

  ↳ 잘못된 표기 : 샌달, 쌘들, 쌘달

샹들리에 chandelier
천장에 매단 여러 개의 가지가 달린 방사형 모양의 등

- 대형 샹들리에가 백화점을 화려하게 장식했다.
- 샹들리에는 크리스털로 치장하여 한층 더 장식 효과를 높였다.

  ↳ 잘못된 표기 : 상들리에, 샨들레어, 찬들리어

▶ 서머타임 summer time
여름에 긴 낮 시간을 효과적으로 이용하기 위하여 시각을 앞당기는 시간

- 서머타임은 실제 낮 시간과 활동하는 낮 시간 사이의 격차를 줄이기 위해 사용합니다.
- 독일은 경제문제를 이유로 서머타임을 실시하였다.
  ↳ 잘못된 표기 : 섬머타임, 써머타임

▶ 서비스 service
고객 또는 이용자의 편익을 위한 노력, 기능

- 요즘은 오토바이를 이용한 배달 서비스가 점차 늘고 있는 추세입니다.
- 고객들은 애프터서비스가 좋은 회사의 상품을 선호한다.
  ↳ 잘못된 표기 : 써비스, 서어비스

▶ 서커스 circus
마술이나 여러 가지 곡예, 동물의 묘기 따위를 보여 주는 흥행물

- 서커스 행렬이 지나가고 있다.
- 캐나다 태양의 서커스가 유명해!
  ↳ 잘못된 표기 : 서어커스, 서쿠스, 써커스

▶ 세리머니 ceremony
양식, 격식

- 그 선수는 골 세리머니가 멋있어!
- 상대편의 기를 꺾을 수 있는 세리머니를 준비하고 있어.
  ↳ 잘못된 표기 : 세레모니

▶ 센티멘털 sentimental
감상적이거나 감정적인

- 그는 가을이 되면 센티멘털한 기분을 자주 느낀다.
- 그녀는 영화를 보고나자 센티멘털한 감정이 솟구쳤다.
  - ↳ 잘못된 표기 : 센치메탈

▶ 센티미터 centimeter
미터법에 의한 길이의 단위

- 그녀의 키는 165센티미터로 평균 신장보다 큽니다.
- 1센티미터는 1미터의 100분의 1이고 1밀리미터의 열 배입니다.
  - ↳ 잘못된 표기 : 센치미터, 켄티미터

▶ 쇼윈도 show window
가게에서 진열한 상품을 들여다볼 수 있도록 설치한 유리창

- 그녀는 쇼윈도에 비친 자기 모습을 멍하니 바라보았다.
- 그 백화점은 독특한 쇼윈도가 눈길을 끈다.
  - ↳ 잘못된 표기 : 쇼윈도우, 쇼우윈도, 쇼우윈도우

▶ 스낵 snack
간단한 식사

- 그냥 길가에서 파는 간단한 스낵 정도면 충분해.
- 스낵과자를 가리키는 경우도 있다.
  - ↳ 잘못된 표기 : 스넥

▶ 스카우트 scout
우수한 운동선수 또는 연예인 특수 기술자와 같은 인재를 발탁하는 일

- 그는 3개의 프로팀에서 스카우트 제의를 받았다.
- 그녀는 경쟁사에 스카우트되었다.
  ↳ 잘못된 표기 : 스카웃

▶ 스태프 staff
제작진

- 그녀는 스태프들에게 고마움을 표시했다.
- 한 장면을 위해 배우들과 스태프들은 며칠 밤을 새웠다.
  ↳ 잘못된 표기 : 스탭

▶ 신데렐라 Cinderella
동화에 나오는 여주인공 또는 하루아침에 고귀한 신분이 되거나 유명하게 된 여자를 비유적으로 이르는 말

- 신데렐라가 세계적으로 유명해진 것은 디즈니의 애니메이션 때문이다.
- 그녀는 그 영화로 하루아침에 신데렐라로 떠올랐어.
  ↳ 잘못된 표기 : 신델렐라

▶ 실루엣 silhouette
윤곽의 안을 검게 칠한 사람의 얼굴 그림

- 그녀의 실루엣이 아름답게 보였다.
- 실루엣을 살려주는 디자인이 좋아!
  ↳ 잘못된 표기 : 실루에트

심벌 Symbol
상징이나 기호

- 그 야구단은 구단의 심벌로 호랑이를 사용하고 있습니다.
- 우리나라 응원단의 심벌은 붉은 악마입니다.
  - └ 잘못된 표기 : 심볼, 씸벌

아카시아 acacia
콩과에 속한 아카시아 속 나무를 통틀어 이르는 말

- 아이들이 돌아간 5월의 교정에는 아카시아 향기가 바람에 실려 왔다.
- 하얀 아카시아 꽃이 눈처럼 날린다.
  - └ 잘못된 표기 : 아카시어

아케이드 arcade
아치형의 지붕이 있는 통로 특히 양쪽에 상점이 있는 통로

- 원래 아케이드는 대형 돔 아래에 밀집된 상점들이 있는 곳을 가리킵니다.
- 비가 온 후의 아케이드는 사람들로 붐비고 있었습니다.
  - └ 잘못된 표기 : 아케이트, 아르케이드

알래스카 Alaska
캐나다 북서부에 있는 미국의 주

- 알래스키도 시계절이 있어!
- 미국이 알래스카를 매입한 뒤 금, 은, 석유 등의 각종 자원이 발견되었다.
  - └ 잘못된 표기 : 알라스카

▶ 알루미늄 aluminium
은백색의 가볍고 부드러운 금속 원소

- 우리 집은 목재 창문을 알루미늄 새시로 모두 교체하였습니다.
- 알루미늄은 가공하기가 쉽고 가벼워 건축 · 가정용품 등에 널리 사용됩니다.
  - ↳ 잘못된 표기 : 알미늄, 알류ㅣ늄, 앨루미늄

▶ 알칼리 alkali
물에 녹으면 염기성을 나타내는 알칼리 또는 알칼리 토금속의 수용성 수산화물을 통틀어
이르는 말

- 수은 전지도 알칼리 전지의 일종이라고 할 수 있다.
- 감자는 알칼리 성분 및 비타민 C, 칼슘 등의 영양이 풍부하다.
  - ↳ 잘못된 표기 : 알카리, 앨카리, 앨칼리

▶ 알코올 alcohol
무색의 휘발성 액체로 연료 · 용매 · 주류 · 의약품의 원료로 쓰임

- 우리는 해부를 위해 개구리를 알코올에 담가 두었습니다.
- 삼촌은 매일 술을 마시더니 결국 알코올 중독자가 되었습니다.
  - ↳ 잘못된 표기 : 알코홀, 알콜, 앨코올, 앨코홀

▶ 앙케트 enquete
사람들의 의견을 조사하기 위하여 같은 질문을 여러 사람에게 물어 회답을 구함

- 어느 선생님이 가장 인기가 좋은 지 학생들에게 앙케트 조사를 했습니다.
- 정부는 앙케트를 통해 국민들의 여론을 분석했다.
  - ↳ 잘못된 표기 : 앙케이트, 앙케에트

▶ 앙코르와트 Angkor Wat

캄보디아 서북부에 있는 돌로 만든 사원 유적. 12세기 초에 건설한 왕실 사원으로 그 탑과 조각은 크메르 미술을 대표함

- 앙코르와트는 전 세계의 관광객들이 줄을 잇는다.
- 캄보디아 여행에서 앙코르와트 유적지를 놓쳐선 안 된다.
  - ↳ 잘못된 표기 : 앙코르왓트

▶ 애드벌룬 ad balloon

광고하는 글이나 그림 따위를 매달아 공중에 띄우는 풍선

- 각 구단의 마스코트가 그려진 애드벌룬이 야구장 하늘 위를 날고 있습니다.
- 아이들은 하늘에 떠 있는 애드벌룬을 보고 환성을 질렀습니다.
  - ↳ 잘못된 표기 : 애드바룬, 애드밸룬, 애드벌루운, 애드밸루운

▶ 액세서리 accessory

입은 옷과 잘 어울리도록 꾸민 장식품

- 영미는 머리에 꽂은 액세서리가 머리 모양과 아주 잘 어울립니다.
- 언니는 구두, 핸드백, 액세서리 등으로 몸치장을 맵시 있게 잘합니다.
  - ↳ 잘못된 표기 : 악세사리, 액세사리, 악세서리

▶ 앰뷸런스 ambulance

구급차

- 어디에서 사고가 났는지 앰뷸런스 한 대가 요란한 소리를 내며 달려갔습니다.
- 앰뷸런스가 사이렌을 울리자 모든 차들이 서행을 하며 비켜 주었습니다.
  - ↳ 잘못된 표기 : 앰뷰런스, 앰블런스, 앰브런스, 앰브란스, 앰블란스

▶ 에스컬레이터 escalator

사람이나 화물이 자동적으로 위아래 층으로 오르내릴 수 있도록 만든 계단 모양의 장치

- 계단을 걸어 오르기 힘드신 분은 에스컬레이터를 이용하시기 바랍니다.
- 에스컬레이터에서는 걷거나 뛰어서는 안 됩니다.

  ↳ 잘못된 표기 : 에스칼레이터

▶ 엔도르핀 endorphin

포유류의 뇌 및 뇌하수체 중에 함유되어 있는 펩티드(두 개 이상의 아미노산이 축합하여 생긴 화합 물질). 모르핀과 같은 진통 작용이 있음

- 엔도르핀의 분비는 스트레스를 받을 때 증가된다.
- 그녀의 씩씩한 모습은 내게 엔도르핀을 샘솟게 만들어!

  ↳ 잘못된 표기 : 엔돌핀, 인도르핀

▶ 엘리엇 Eliot, Thomas Stearns

미국에서 태어나 영국에 귀화한 시인 · 평론가(1888-1965). 자기 자신을 문학적으로는 고전 주의자, 정치적으로는 왕당파, 종교적으로는 영국 국교도로 규정하였음. 대표적 작품에 시 '황무지', 시극 '칵테일파티' 외 비평론집이 있음

- 그 시는 엘리엇의 '황무지'를 생각나게 한다.
- 영국의 여류 소설가 조지 엘리엇도 있어!

  ↳ 잘못된 표기 : 엘리옷, 엘리어트, 일리엇

▶ 옥스퍼드 oxford

두 올 또는 세 올의 실을 꼬지 아니하고 나란히 짠 천 또는 영국 잉글랜드의 템스 강 상류에 면하여 있는 학술 도시

- 그는 면바지에 옥스퍼드 셔츠를 입고 있다.
- 옥스퍼드대학은 명문대로 공립 종합대학이다.

  ↳ 잘못된 표기 : 옥스포드

▶ 유머 humor

남을 웃기는 말이나 행동

- 그는 유머 감각이 뛰어나 친구들 사이에서 인기가 대단했다.
- 선생님은 특유의 유머로 우리를 공부에 열중하게 하십니다.
  - ↳ 잘못된 표기 : 유우머, 휴머, 휴우머, 유모어

▶ 인텔리겐치아 intelligentsia

지적 노동에 종사하는 사회 계층. 또는, 지식 · 학문 · 교양이 있는 사람. 원래는 러시아의
제정 시대에 혁명적 지식인의 일군을 이르던 말임. 지식 계급. 지식층

- 넓은 뜻의 인텔리겐치아는 급격히 확대되고 있다.
- 인텔리겐치아는 러시아 역사에 있어 개혁의 시기에 등장하였다.
  - ↳ 잘못된 표기 : 인텔리겐챠

▶ 인플레이션 inflation

통화량이 팽창하여 화폐 가치가 폭락하며 물가가 계속적으로 등귀하여 일반 대중의 실질
소득이 감소되는 현상. 통화 팽창

- 제1차 세계대전 이후 독일은 인플레이션 문제가 심각했다.
- 경기 부양을 위해 너무 많은 돈이 풀리면 인플레이션이 발생할 수 있다.
  - ↳ 잘못된 표기 : 인프레이션, 인플래이션

▶ 인플루엔자 influenza

유행성 감기

- 인플루엔자 바이러스는 코와 목을 통해 인체로 침투한다.
- 사람에게 면역이 없는 새로운 인플루엔자 바이러스가 나타나면 재앙이 될 수 있어!
  - ↳ 잘못된 표기 : 인프렌자, 인프루엔자

▶ 자라투스트라 Zarathustra

페르시아의 조로아스터교의 창시자로 세계는 선신과 악신의 투쟁장이며 결국 선신이 이기게
될 것이라고 설파했음

- 니체는 투병 생활 동안에 '자라투스트라는 이렇게 말했다'를 집필했다.
- 자라투스트라는 이란 북부 출신의 예언가이다.
  └ 잘못된 표기 : 짜라투스트라

▶ 장르 genre

문예 양식의 갈래

- 그 전시회는 다양한 장르의 작품을 볼 수 있어서 좋다.
- 그 책은 어떤 장르에 속합니까?
  └ 잘못된 표기 : 젠르

▶ 재즈 jazz

미국의 흑인 음악에 클래식, 행진곡 따위의 요소가 섞여서 발달한 대중음악

- 재즈는 색소폰, 트럼펫 따위의 관악기 위주로 연주합니다.
- 주말에 그 레스토랑에 가면 재즈 피아노를 들을 수 있어.
  └ 잘못된 표기 : 째즈

▶ 짜장면 · 자장면 Zhajiangmian

고기와 채소를 넣어 볶아 중국 된장에 비빈 국수

- 우리 가족은 원조 짜장면을 먹으러 명동에 갔습니다.
- 그들은 배가 고팠던 터라 자장면을 곱빼기로 시켜 먹었습니다.
  └ 올바른 표기 : 짜장면, 자장면

  본래 '자장면'만을 맞은 표기법으로 사용했으나, '짜장면'도 많이 사용하는 말이라 하여 '짜장
  면'도 표준말로 정하였다.

218

▶ 초콜릿 chocolate

코코아 씨를 볶아 만든 가루에 우유, 설탕, 향료 따위를 섞어 만든 과자

- 초콜릿은 씹지도 않았는데 입 안에서 살살 녹았습니다.
- 영미는 밸런타인데이라고 나에게 초콜릿을 주었습니다.
  - └ 잘못된 표기 : 초콜렛

▶ 칭기즈칸 Chingiz Khan

몽골 제국의 제1대 태조(1162?~1227). 어릴 때 이름은 테무친. 나이만 부족을 물리쳐 전 몽고의 패자가 되고, 1206년에 칭기즈 칸의 칭호를 받아 몽고 제국의 칸이 됨. 1227년 원정 도중에 병사함

- 칭기즈칸은 교역과 상업에도 관심이 많았다.
- 사람들은 칭기즈칸을 전쟁 영웅이나 정복 군주로만 생각한다.
  - └ 잘못된 표기 : 킹기즈칸, 싱기즈칸

▶ 카니발 carnival

그리스도교 국가에서 사순제 직전의 3~8일간 행해지는 축제로, 사순절에는 육식이 금지되었기 때문에 그전에 술과 고기를 먹으며 갖가지 가면을 쓰고 즐김

- 우리나라도 각종 카니발을 활성화하여 지역 경제에 도움이 되었으면 좋겠습니다.
- 브라질의 리우 카니발은 관광 산업적 특성을 잘 살리고 있는 대표적인 카니발입니다.
  - └ 잘못된 표기 : 카니벌, 캐어니발

▶ 카페 cafe

커피나 음료, 술 또는 가벼운 서양 음식을 파는 집

- 분위기 좋은 카페에서 커피 마시자!
- 그 카페는 가격이 터무니없이 비싸다.
  - └ 잘못된 표기 : 까페

▶ 카펫 carpet
양탄자

- 연회장 바닥에는 붉은 카펫이 깔려 있습니다.
- 거실에 카펫을 깔았더니 집안 분위기가 한층 고급스런 느낌입니다.
  - ↳ 잘못된 표기 : 카페트

▶ (크리스마스)캐럴 carol
크리스마스에 부르는 성탄 축하곡

- 하얀 눈이 소복하게 쌓인 거리에는 크리스마스 캐럴이 은은하게 울려 퍼지고 있었습니다.
- 크리스마스를 앞두고 거리에는 흥겨운 캐럴이 넘쳐흐릅니다.
  - ↳ 잘못된 표기 : 캐롤, 카럴, 카롤

▶ 캠프파이어 campfire
야영지에서 피우는 모닥불

- 야영 마지막 날 우리들은 캠프파이어를 하며 못다 한 이야기를 나누었습니다.
- 캠프파이어는 우리말로 모닥불 놀이라고 할 수 있습니다.
  - ↳ 잘못된 표기 : 캠프화이어

▶ 커닝 cunning
시험을 칠 때 미리 준비한 답을 보고 쓰거나 남의 것을 베끼는 일

- 다른 사람의 답안지를 커닝하다가 발각되는 사람은 영점 처리할 것입니다.
- 쪽지 시험 시간에 커닝을 하다가 선생님한테 들켰습니다.
  - ↳ 잘못된 표기 : 컨닝, 쿠닝

▶ 커버 cover
물건을 보호하거나 가리거나 덮거나 싸는 물건

- 영철이는 새 교과서에 비닐 커버를 사다 씌웠습니다.
- 어머니는 새 차를 깨끗이 쓰기 위해 시트커버를 사다 씌웠습니다.

  ↳ 잘못된 표기 : 카바

▶ 커튼 curtain
창이나 문에 치는 휘장

- 창문을 열자 커튼이 바람에 가볍게 흔들거리기 시작했습니다.
- 공연이 시작되기 전의 무대에는 붉은 커튼이 드리워져 있었습니다.

  ↳ 잘못된 표기 : 커텐, 카튼

▶ 컬러 color
빛깔, 색깔

- 최근에는 첨단 컬러복사기를 이용한 위조지폐가 늘어나고 있습니다.
- 컬러텔레비전 방송에서는 모든 것을 원색 그대로 생생하게 볼 수 있습니다.

  ↳ 잘못된 표기 : 칼라, 코로르, 콜라

▶ 케이크 cake
밀가루, 달걀, 버터, 우유, 설탕 따위를 주원료로 하여 만든 서양 음식

- 불이 꺼지자 생일 케이크의 찬란한 촛불이 켜졌습니다.
- 이번 생일 케이크 상자는 예쁜 꽃무늬로 결정했어.

  ↳ 잘못된 표기 : 케익, 카크

▶ 케첩 Ketchup
과일, 채소 위에 향료, 식초 따위를 가미한 소스

- 식료품 가게에 가면 케첩을 꼭 사와.
- 아이들은 감자튀김을 토마토케첩에 찍어 먹었습니다.
  - └ 잘못된 표기 : 케챂, 케챱

▶ 콩트 conte
단편 소설보다도 짧은 소설

- 일상적이고 가벼운 소재가 많은 것이 콩트의 특징이야.
- 콩트는 단편소설보다 더 짧고 유머와 풍자가 담겨 있다.
  - └ 잘못된 표기 : 꽁뜨, 콘트

▶ 쿠오바디스 Quo Vadis
'주여, 어디로 가시오니까?'의 뜻. 폴란드의 작가 시엔키에비치가 지은 장편 역사 소설. 청년 귀족 비니키우스와 왕녀 리기아의 연애를 중심으로 폭군 네로 치하의 로마에서 일어나는, 헬레니즘 문화와 크리스트교의 대립과 항쟁을 묘사했음

- 그는 쿠오바디스로 노벨문학상을 수상했다.
- 쿠오바디스는 연극과 영화로 제작되었다.
  - └ 잘못된 표기 : 쿼바디스, 쿠바디스

▶ 크렘린 Kremlin
러시아 모스크바에 있는 궁전

- 엄청난 수의 군중이 크렘린 밖 광장에 모였다.
- 크렘린은 러시아의 심장부로 역사와 문화의 총 집합체이다.
  - └ 잘못된 표기 : 크레플린, 크레므린

▶ 타깃 target
궁술이나 사격에 쓰는 과녁이나 표적 또는 어떤 일의 목표나 비난의 대상

- 그는 타깃을 겨누어 발사했다.
- 구매자의 타깃을 정하는 것이 중요해!
  - ↳ 잘못된 표기 : 타겟, 타기트, 타게트

▶ 타월 towel
무명실이 보풀보풀하게 나오도록 짠 천이나 수건

- 엄마는 타월로 아이의 등을 밀어 주기 시작하였습니다.
- 어머니는 머리를 감은 뒤 타월로 물기를 닦으십니다.
  - ↳ 잘못된 표기 : 타올

▶ 타일 tile
점토를 구워서 만든 겉이 반들반들한 얇고 작은 도자기 판

- 바닥 타일을 대부분 교체해야 한다.
- 타일은 색상과 무늬가 대단히 다양하게 나온다.
  - ↳ 잘못된 표기 : 태일, 터일, 테일

▶ 튤립 tulip
백합과에 속한 여러해살이풀을 이르는 말

- 네덜란드의 상징인 튤립의 원산지는 사실 터키다.
- 튤립에는 식물 기생충이 들러붙지 않는다.
  - ↳ 잘못된 표기 : 튜울립

▶ 트렌치코트 Trench coat

길이가 짧고 방수가 되는 외투로 제 1차 세계대전 기간 중 겨울 참호 속의 혹독한 날씨로부터 영국군을 지켜주기 위해 만들어짐

- 클래식한 트렌치코트가 가장 사랑받는 디자인이야!
- 트렌치코트는 옷장에 하나쯤 갖고 있어야 할 필수 아이템이다.
  ↳ 잘못된 표기 : 프렌치코트, 트렌치코우트

▶ 티베트 Tibet

중국 남서부, 인도의 북쪽, 히말라야 산맥과 쿤룬 산맥 사이에 둘러싸인 고원 지대. 18세기 이래 중국의 종주권 밑에 있다가 제2차 세계 대전 후 자치권을 얻음. 1965년에 티베트 자치구로 됨. 해발 4,000M에 가까운 건조한 고원 지대를 이루고 있고, 메콩 강, 양쯔 강 등은 이곳에서 발원함. 농업ㆍ목축업을 주로 함

- 달라이라마는 티베트의 정신적 지도자이다.
  ↳ 잘못된 표기 : 티벳

▶ 파일 file

서류철 또는 하나의 단위로서 처리되는 서로 관련 있는 레코드의 집합

- 색깔별로 파일을 정리하다.
- 다행히 삭제된 파일을 복구했어.
  ↳ 잘못된 표기 : 화일

▶ 팡파르 fanfare

축하 의식이나 축제 때에 쓰는 트럼펫의 신호

- 팡파르가 대회 개막을 알렸다.
  ↳ 잘못된 표기 : 빵빠르, 팽파르

▶ 패널 panel

토론에 참여하여 의견을 말하거나 방송 프로그램에 출연해 사회자의 진행을 돕는 역할 또는 건축용 널빤지

- 각계의 전문가들이 패널로 참석했다.
- 주방은 벽지대신 원목 패널을 이용하여 편안한 분위기를 연출했어!

  ↳ 잘못된 표기 : 판넬, 패날

▶ 팸플릿 pamphlet

설명이나 광고, 선전 따위를 위하여 얄팍하게 만든 작은 책자

- 경비 절감과 환경을 위해 재활용지로 팸플릿을 만들자.

  ↳ 잘못된 표기 : 팜플레트, 팜플렛, 팜플렛트

▶ 푸시킨 Pushkin, Aleksandr Sergeyevich

러시아의 시인 · 소설가(1799-1837). 농노제 아래의 러시아의 현실을 그려서, 러시아 리얼리즘의 기초를 쌓아 러시아 근대 문학의 시조로 불림. 작품에 '예브게니 오네긴', '대위의 딸' 등이 있음

- 푸시킨은 인간의 존엄성과 자유에의 권리를 주장한 휴머니스트야!
- 러시아의 국민적인 시인, 푸시킨은 명문 귀족 출신이다.

  ↳ 잘못된 표기 : 푸슈킨

▶ 플랑크톤 plankton

물속에서 물결에 따라 떠다니는 작은 생물을 통틀어 이르는 말

- 지중해에 해파리 수가 증가한 것은 지구 온난화로 플랑크톤 수가 늘어났기 때문이다.
- 플랑크톤은 스스로 운동 능력이 없거나 또는 아주 미약하다.

  ↳ 잘못된 표기 : 프랑크톤, 플랭크톤

플래카드 placard

긴 천에 표어 따위를 적어 양쪽을 장대에 매어 높이 들거나 길 위에 달아 놓은 표지물

- 시위대는 플래카드를 들고 거리를 행진했다.
- 그들은 책임자의 사임을 요구하는 플래카드와 깃발을 들고 있었다.

  └ 잘못된 표기 : 플랑카드

하드웨어 hardware

컴퓨터를 구성하는 기계 장치의 몸체를 통틀어 이르는 말

- 컴퓨터 하드웨어를 교체하다.
- 하드웨어를 공격하는 강력한 바이러스가 감염되다.

  └ 잘못된 표기 : 하아드웨어

헤모글로빈 hemoglobin

철을 함유하는 빨간 색소인 헴과 단백질인 글로빈의 화합물

- 피의 색이 붉은 것은 헤모글로빈 때문이다.
- 헤모글로빈 농도가 정상 수치 이하이면 빈혈로 판정한다.

  └ 잘못된 표기 : 헤모구로빈

헬리콥터 helicopter

회전 날개를 기관으로 돌려서 생기는 양력과 추진력으로 나는 항공기

- 방송국 헬리콥터가 사고 현장 위를 촬영하고 있다.
- 날씨가 나쁘면 헬리콥터가 뜰 수 없다.

  └ 잘못된 표기 : 헬리콥타

▶ 홀인원 hole in one
골프에서 공이 단번에 그대로 홀에 들어가는 일

- 홀인원은 기술 보다는 운이 더 필요하다.
- 지금 리조트에서 홀인원을 할 경우 항공권을 준대!
  └ 잘못된 표기 : 호올인원

▶ 히든카드 hidden card
남에게 보여 주지 아니하는 카드라는 뜻으로 상대가 예측하지 못하도록 숨겨 둔 비장의 수

- 그는 우리 팀의 히든카드다.
- 새로운 히든카드로 떠오르고 있어!
  └ 잘못된 표기 : 히든카아드

PART 5

재미로 풀어보는 낱말 퍼즐

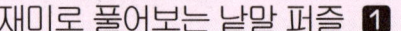

재미로 풀어보는 낱말 퍼즐 ❶

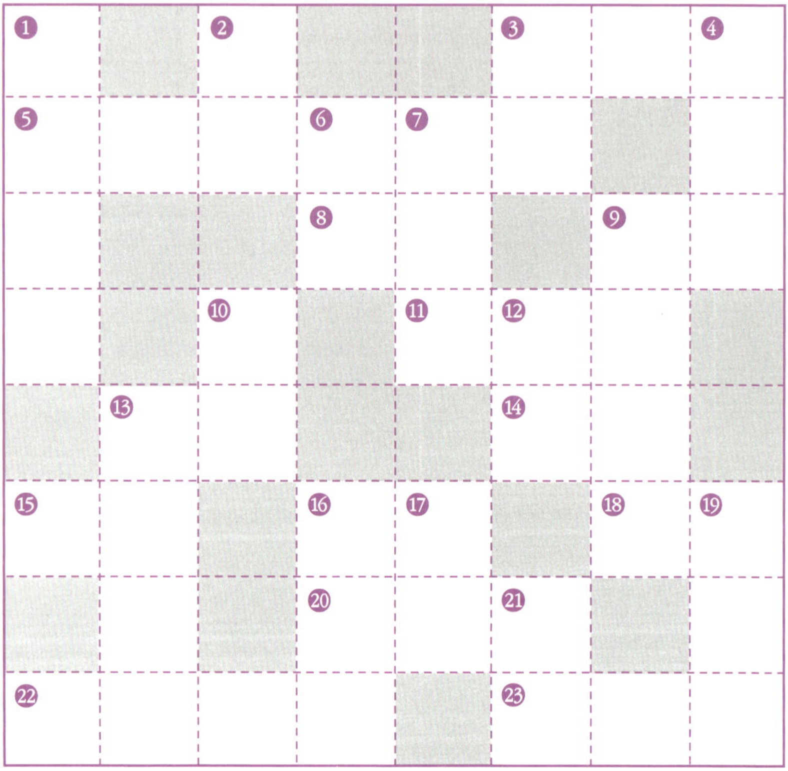

해답은 262 페이지에

가로열쇠

❸ 무엇이 빨리 지나감을 비유적으로 이르는 말 - 어렸을 적 기억이 OOO처럼 지나간다
❺ 프랑스 파리에 있는 국립 미술 박물관으로 모나리자가 있는 곳으로 유명함
❽ 어떤 사물이나 현상 따위를 없어지게 함
❾ 의심스럽게 생각함. 또는 그러한 물음 - 그 판결에 OO을 가지다
⑪ 물건이나 작품 따위를 모아 놓고 그 품질을 평가하여 대중에게 보이는 대회
⑬ 지나치게 박하거나 재물 따위를 지나치게 아낌
⑭ 판단하여 결정하는 것- 그 선수는 심판의 OO에 불복했다
⑮ 국가나 사회 또는 남을 위하여 무료로 자신을 돌보지 아니하고 애씀
⑯ 남을 불쌍히 여겨 은혜를 베풀고 도와줌
⑱ 국가와 사회의 안녕과 질서를 유지하고 보전함
⑳ 많은 동물을 모아 기르면서 연구하는 한편 일반에게 관람시키는 곳
㉒ 인물의 대사나 음향 효과 따위의 소리가 없이 영상만으로 만들어진 영화〈반대어〉유성영화
㉓ 주어가 어떤 동작의 대상이 되어 그 작용을 받는 서술 형식

세로열쇠

❶ 은백색의 가볍고 부드러운 금속 원소 - 우리가 먹는 콜라캔은 OOOO으로 만들어졌다
❷ 문학, 예술에서의 부문, 종류, 양식, 형 따위에 따른 갈래
❸ 자기만의 견해나 관점 - 나는 인생에 대한 뚜렷한 OO을 가지고 있다
❹ 어떤 관문이나 시험을 통과하여 성공함
❻ 썩지 않도록 일정한 처리를 거쳐서 살아 있을 때와 같은 모습으로 만들어 놓은 것
❼ 노력이나 시간의 축적이 한순간에 흔적 없이 사라져 헛되게 된 상태를 비유적으로 이르는 말 - 한 순간의 실수로 나의 연구가 OOO이 되었다
❾ 국민의 의사를 대표하는 의원들로 이루어진 의회가 국정을 행하는 것을 기본으로 하는 정치
⑩ 여느 것과 견주어 특히 눈에 띄게 다른 점
⑫ 세상에 널리 퍼진 소문. 또는 세상 사람들의 평 - 그는 동네에서 OO이 매우 좋다
⑬ 제 몸에 벌어지는 일을 모를 정도로 정신이 흐리멍덩한 상태 - 그는 술을 너무 많이 마셔서 OOOO이 되었다
⑯ 사람의 힘을 빌리지 않고 스스로 움직이거나 작용하게 됨을 이르는 말
⑰ 남에게 인사나 정을 나타내는 뜻으로 주는 물건
⑲ 우리나라의 작곡가로 애국가를 작곡한 사람
㉑ 자기나 자기집에 해를 입혀 원한이 맺히게 된 사람이나 집단 - 그 사람과 나는 OO지간이다

재미로 풀어보는 낱말 퍼즐 ❷

❶		❷		❸	❹		❺
				❻			
❼	❽		❾				
					❿	⓫	
⓬			⓭				
		⓮			⓯		
⓰	⓱		⓲		⓳		
⓴			㉑				

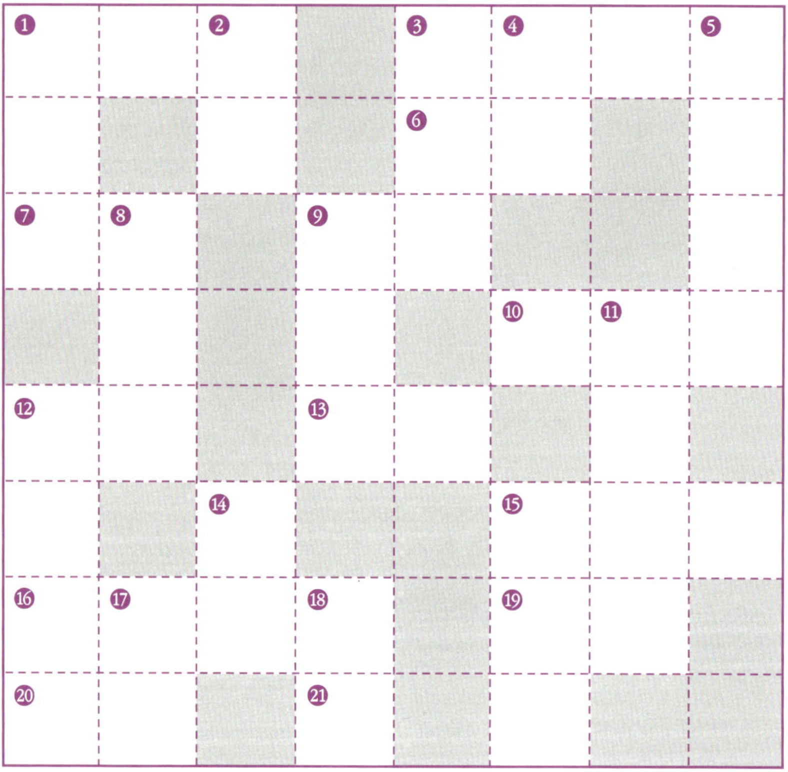

해답은 262 페이지에

가로열쇠

❶ 충분히 배우고 익혀 그것에 숙달함
- 나는 방학때 영어를 OOO하는 것이 목표이다
❸ 오스트리아의 작곡가로 수많은 명곡을 남김- 정식이름은 볼프강 아마데우스 OOOO
❻ 아침과 저녁을 아울러 이르는 말
❼ 사람의 능력을 뛰어넘는 이상한 힘으로 신기한 일을 행하는 술법 - 오즈의 OO사
❾ 사람의 성질과 됨됨이 - 그는 OO이 어질고 착하다
❿ 매우 빠른 말을 비유적으로 이르는 말로 중국 삼국시대 때 관우가 탄 말로 유명함
⓬ 울릉도의 남동쪽 50마일 해상에 있는 화산섬으로 군사적으로 매우 중요한 위치에 자리잡고 있음 - OO은 우리땅
⓭ 음식을 먹고 싶어 하는 욕망
⓯ 한쪽의 양이 커질 때 다른 쪽 양이 그와 같은 비로 작아지는 관계
⓰ 구성이 복잡하고 다루는 세계도 넓으며 등장인물도 다양한 긴 소설 ↔ 단편소설
⓳ 양자(兩者)가 맞서서 우열이나 승패를 가리는 것
⓴ 한곳에 모인 많은 사람

세로열쇠

❶ 땅속 깊은 곳에서 뜨거운 지열(地熱)에 의해 암석이 녹아 반액체로 된 물질로 지각의 상층부나 지표로 올라와 식어서 굳으면 화성암이 되는 것
❷ 한 어머니에게서 태어난 자녀들의 나이 차이를 말함
❸ 다른 물건을 본떠서 만든 물건
❹ 수석 다음을 이야기 할 때 쓰임 - 그는 대학교에 수석 다음인 OO으로 입학했다
❺ 재해를 당한 뒤에 생기는 비정상적인 심리적 반응을 뜻하며 우리나라 말로는 외상 후 스트레스 장애라고 이야기 함
❽ 법학을 배우거나 연구하는 사람을 이르는 말
❾ 성년이 되는 것을 기념하는 통과 의례
⓫ 토정 이지함이 일년 신수를 보기 위해 만들어진 비결로 신수 석중결 또는 석중결(石中訣)이라 고도 불림 - 매해 신년에는 OOOO을 보려는 사람들이 많다
⓬ 무슨 일이든 자기 생각대로 혼자서 처리하는 사람
⓮ 사치스럽거나 꾸미지 않은 수수한 모습을 말함
⓯ 그 뜻이 서로 정반대되는 관계에 있는 말 ↔ 같은말
⓱ 한쪽으로 치우친 것을 말함
⓲ 눈이 내리거나 쌓인 경치를 말함

233

재미로 풀어보는 낱말 퍼즐 ❸

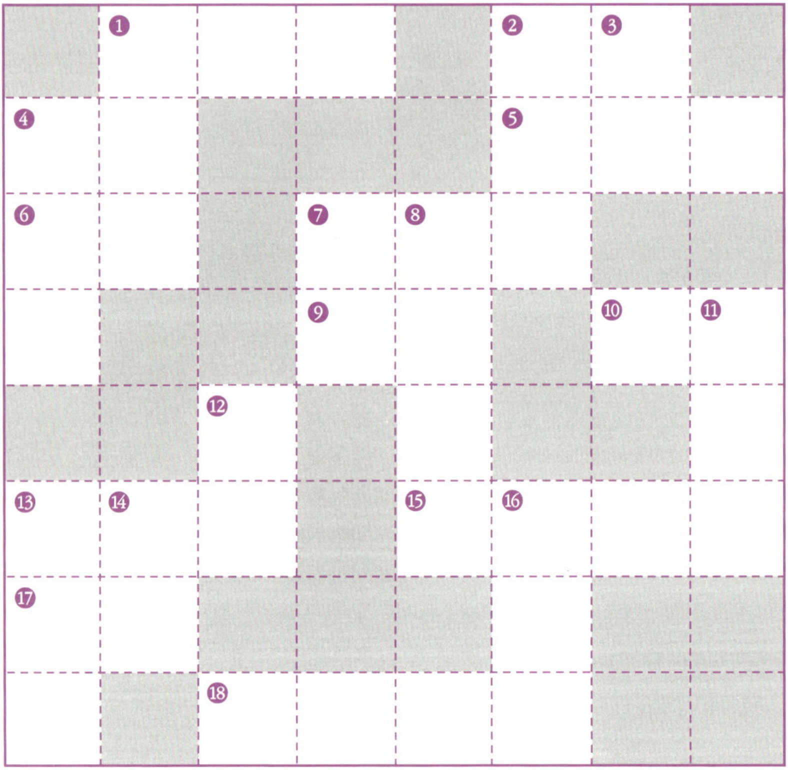

해답은 263 페이지에

234

가로열쇠

❶ 땅 위로 도드라진 돌멩이의 뽀족한 부분을 말함 - 아이가 돌○○에 넘어졌다

❷ 실내에서 겉에 입는 헐렁하고 긴 웃옷

❹ 금속으로 만든 관악기의 하나. 군대 따위의 집단에서 행군을 하거나 신호를 주고받을 때 쓰임

❺ 지구를 동서 두 쪽으로 나누었을 때의 동쪽 부분을 일컫는 말 ↔ 서반구

❻ 한곳에서 다른 곳까지, 또는 한 물체에서 다른 물체까지의 거리나 공간을 말함 - 눈 깜짝할 ○○

❼ 텔레비전으로 방송되는 어떤 프로그램이 시청되고 있는 정도를 나타내는 것 - 그 프로그램은 ○○률이 높게 나왔다

❾ 땅속에 있는 가스, 마그마 따위가 지각의 터진 틈을 통하여 지표로 분출하는 지점. 그 결과로 생기는 구조를 말함

❿ 노래 부르는 것을 직업으로 삼는 사람을 일컫는 말

⓭ 부부(夫婦)로서 짝이 되는 상대. 즉 남편에 대한 아내, 아내에 대한 남편을 이르는 말

⓯ 물속에서 생산되는 천연자원 중에서 어류, 패류, 조류 등의 유용한 생물을 통틀어 이르는 말

⓱ 아기에게 젖을 먹이는 일

⓲ 글을 쓸 때, 각 단어를 어절 단위로 띄어 쓰는 일을 말함

세로열쇠

❶ 제대로 된 자격이나 실력이 없이 전문적인 일을 하는 사람을 속되게 이르는 말

❷ 생산 설비가 가동할 수 있는 최대 시간과 실제로 가동된 시간의 비율

❸ 물건 따위를 옮기는 일을 말함

❹ 몸의 겉면에 고랑이 지고, 대가리에 홈이 파져 있어 틀어박게 만든 못

❼ 시와 그림을 아울러 이르는 말

❽ 푸른 산과 맑은 물이라는 뜻으로, 막힘없이 잘하는 말을 비유적으로 이르는 말 - 그 사람은 말만 ○○○○이다

⓫ 관찰이나 연구의 목적으로 여러 가지 나무들을 수집하여 재배하는 곳을 말함

⓬ 병을 앓고 있는 아픈 사람

⓭ 큰물을 뒤에 두고 치는 진으로 더 이상 뒤로 물러설 수 없으므로 죽음을 각오하고 적과 싸우고자 하는 전술

⓮ 소의 젖이나 그것을 살균하여 만든 흰 음료 - ○○은 아이들의 성장발육에 좋다

⓰ 알을 낳는 시기를 말함

재미로 풀어보는 낱말 퍼즐 4

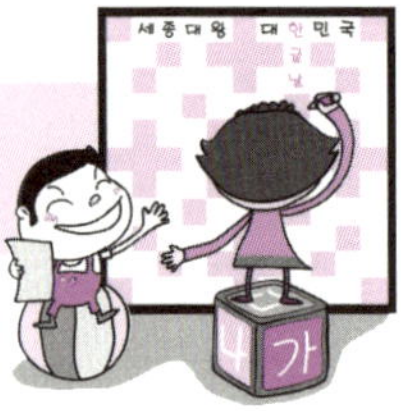

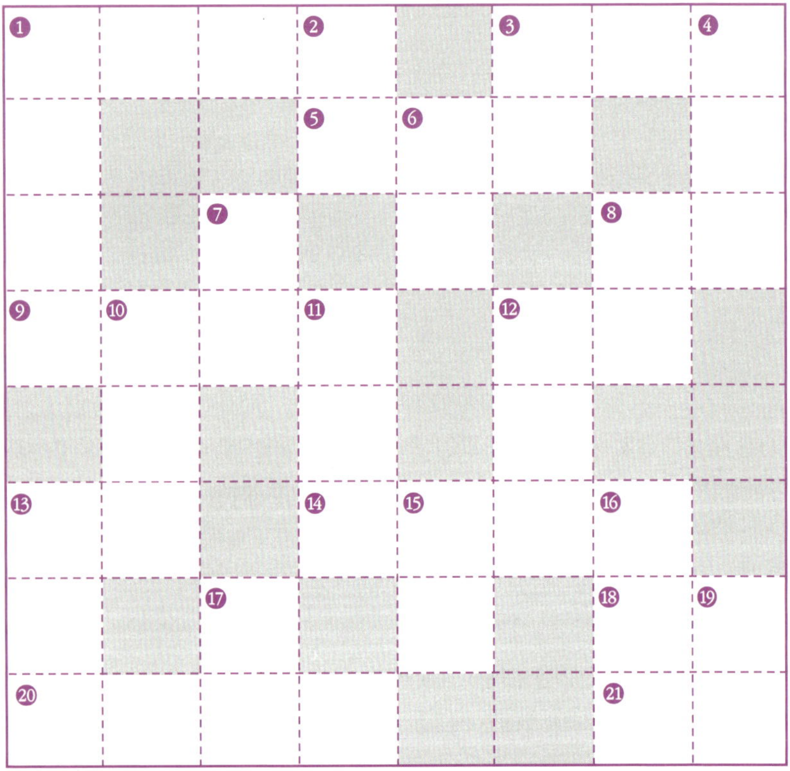

해답은 263 페이지에

가로열쇠

❶ 갑자기 신분이 상승하거나 하루아침에 유명해진 여자를 비유적으로 이르는 말 - 그녀는 재벌2세와의 결혼으로 하루아침에 OOOO가 되었다

❸ 잇따라 여러 번 되풀이하여 함 - 그는 속이 탄지 OOO 물을 마셨다.

❺ 목화에서 뽑은 섬유. 습기를 잘 흡수하며 가늘고 유연함 - 갓난아이의 옷은 100% OOO제품으로 되어 있다

❽ 사이가 뜨지 않고 가까이 맞닿음

❾ 나사못을 돌려서 박거나 빼는 연장

⓬ 위도의 기준이 되는 선. 지구의 남북 양극으로부터 같은 거리에 있는 지구 표면에서의 점을 이은 선을 말함

⓭ 한 마리의 여왕벌을 중심으로 집단생활을 하는데, 여왕벌과 수벌은 새끼를 치는 일만 하고, 일벌이 꿀을 따다 나르는 일을 함

⓮ 정약용(丁若鏞)이 지은 책으로 지방관을 각성시키고 농민 생활의 안정을 이루려는 목적으로 쓰임

⓲ 가로나 세로로 그은 금이나 줄

⓴ 지구 위의 온갖 상태 및 모양 등을 연구하는 사람을 말함

㉑ 산이나 숲의 나무를 베는 것

세로열쇠

❶ 상품이나 서비스 대금의 지급을 은행이 보증하여 일정 기간이 지난 뒤에 그 대금을 결제하는, 신용 판매에 이용되는 카드

❷ 국수를 증기로 익히고 기름에 튀겨서 말린 즉석식품으로 온 국민의 간식, 가루수프를 따로 넣음 - 매운 신OO

❸ 일의 까닭이나 이유

❹ 대수롭지 않게 아무렇게나 하는 대접 - O대접

❻ 남김없이 모조리 무찔러 없애는 것

❼ 사람이나 생물이 나서 살아온 햇수 - 그녀의 OO는 48세이다

❽ 일정한 면적이나 공간 속에 포함된 물질이나 대상의 빽빽한 정도

⓾ 같은 분야에서 또는 같은 목적을 위해 서로 경쟁하는 사람을 일컫는 말

⓫ 어떤 대상이나 상황을 지탱해 주는 기반이나 힘을 비유적으로 이르는 말

⓬ 적으로 대하거나 적과 같이 대하는 마음

⓭ 꿀을 담아 두는 단지를 말함

⓯ 예로부터 일반 민중 사이에서 전해져 내려오는 이야기

⓰ '신라'의 옛 이름을 일컫는 말

⓱ 학교에 처음으로 들어가는 것 - 내 사촌은 올해 초등학교에 OO했다

⓳ 사람이 보는 눈. 또는 남이 보는 눈을 의미함

재미로 풀어보는 낱말 퍼즐 5

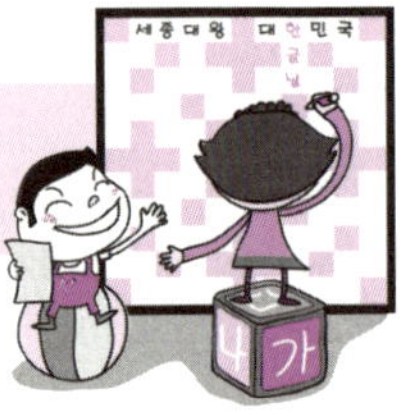

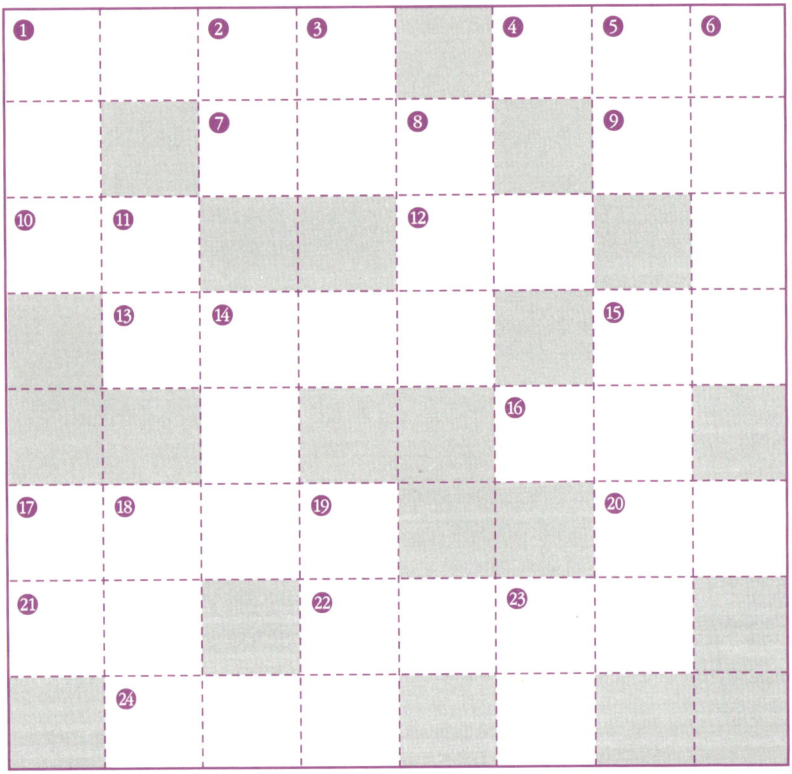

해답은 264 페이지에

가로열쇠

❶ 가서 깜깜무소식이거나 또는 회답이 더딜 때의 비유 - 그는 심부름만 갔다하면 함○차○

❹ 피부를 문질러 곱고 건강하게 하는 미용법의 한 가지 - 목○○○, 어깨○○○

❼ 판소리 '수궁가'에 나오는 자라를 뜻하는 말- ○○○전

❾ 남의 것을 그대로 본떠서 만들거나 옮겨 놓는 것

❿ 성장하여 생식 능력을 지닌 곤충을 말하는 것

⓬ 남을 웃기려고 일부러 하는 우스운 말이나 행동

⓭ 여러 번 되풀이하여 간곡하게 하는 부탁 - 나는 그에게 내일 꼭 나올 것을 ○○○○했다

⓯ 어떤 물건이나 장소의 아랫부분이나 끝 부분을 말함

⓰ 금을 캐내는 광산을 말함

⓱ 어떤 문제를 스무 번까지 질문을 하면서 알아맞히는 놀이

⓴ 살아가는 평생 동안 - 그는 죽기 전 자신의 ○○를 되돌아 보았다

㉑ 자기 이외의 모든 다른 사람을 지칭 하는 말

㉒ 동물계의 한 문(門). 등골뼈로 된 척추를 가진 고등 동물의 총칭 ↔ 무척추동물

㉔ 그림을 그리는 데 쓰이는 종이

세로열쇠

❶ 말이나 글이 그 속에 많은 뜻을 집약하여 가지고 있는 성질

❷ 둘 또는 여럿 사이에 차등을 두어 구별함 - 엄마는 나와 동생을 ○○한다

❸ 남을 뒤에서 부추겨서 나쁜 일을 시킴 - 그 사람은 마피아의 ○○로 살해되었다

❺ 마음에 두고 애틋하게 생각하며 그리워 하는 것

❻ 지방의 행정을 지방의 실정에 맞게 하는 민주정치

❽ 부자일수록 더욱 부자가 됨 ↔ 빈익빈

⓫ 나라와 임금을 위하여 충성을 다하는 신하

⓮ 조선 태종 때부터 대궐 문루(門樓)에 달아, 백성이 원통한 일을 하소연할 때 치게 하던 북

⓯ 몸에서 빛을 내는 동물을 통틀어 이르는 말

⓱ 대중들로부터 높은 인기를 얻는 연예인이나 운동선수를 이르는 말

⓲ 사람이 살지 않는 섬

⓳ 황무지였던 곳을 일구어 논밭으로 만들거나 터전으로 삼은 땅

㉓ 어린이의 정서를 표현한 정형시. 또는 거기에 가락을 붙인 노래

재미로 풀어보는 낱말 퍼즐 6

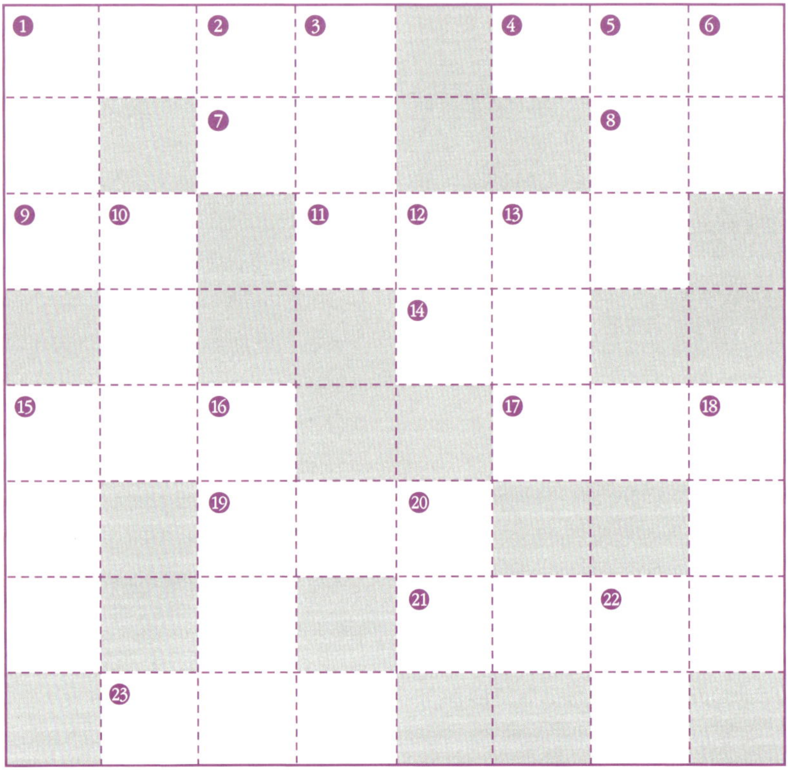

해답은 264 페이지에

가로열쇠

❶ 캐나다 북서부에 있는 미국의 주로 미국의 주 중 가장 넓은 면적을 가지고 있으며 에스키모인이 원주민인 곳

❹ 천문 현상을 관측하고 연구하기 위하여 설치한 시설 또는 그런 기관

❼ 톱날의 뾰족뾰족한 부분을 말함

❽ 모든 물질의 조성(組成)과 성질 및 이들 상호 간의 작용을 연구하는 자연 과학의 한 부문

❾ 필요한 물건이나 자원 따위를 스스로의 힘으로 마련하여 이용하는 것

⓫ 좋지 않은 일의 근본 원인이 되는 요소를 완전히 없애 버림 - 정치인의 부정부패는 발○색○ 해야 한다

⓮ 특정한 지역에 국한한 독특한 성격을 그대로 지니고 있는 사물 또는 사람을 비유적으로 이르는 말 - 진돗개는 진도의 ○○개이다

⓰ 액체를 뿜어내는 기구로 주루 화단에 물을 주거나 다리미질을 할 때 쓰임

⓱ 핏줄이나 언어, 풍속 따위가 다른 민족

⓳ 어떤 물품이나 사업의 수요가 많은 시기를 말함

㉑ 나비목 호랑나빗과에 속한 나비를 통틀어 이르는 말

㉓ 서로 맞서거나 마주하고 있는 맞은편의 사람

세로열쇠

❶ 겉보기보다는 실속이 있는 알짜 부자

❷ 움직임을 멈춤 또는 멈추라는 뜻으로 외치는 말

❸ 주로 서양에서, 가장행렬 등이 있는 떠들썩한 행사나 축제

❺ 일정한 지역의 구성원들로 하여금 문화생활을 향유하는 데 도움이 되도록 설립된 기관

❻ 고등 교육의 중심을 이루는 기관으로, 학문의 이론이나 응용을 연구하고 가르치는 학교 - 고등학교를 졸업한 학생들이 시험을 통해 이곳을 들어간다

❿ 무엇보다도 먼저 서둘러 해야 할 일 - 사고가 나면 신고를 하는 것이 ○○○이다

⓬ 본디의 고향을 이루는 말 - 그는 사업에 실패하자 본○로 돌아왔다

⓭ 색을 들인 종이로 아이들이 종이 접기 할 때 많이 사용함

⓯ 분비선으로부터 분비되는 침이나 땀, 위액, 젖 따위와 같은 물질

⓰ 현재 사회 각 분야에서 활동하고 있는, 어느 정도 나이가 든 세대 ↔ 신세대

⓲ 포유류 족제빗과에 속한 동물을 통틀어 이르는 말

⓴ 어떠한 뜻을 나타내거나 사물을 지시하기 위해 쓰이는 부호나 그림, 문자 따위를 통틀어 이르는 말

㉒ 게으르고 느린 행동

재미로 풀어보는 낱말 퍼즐 7

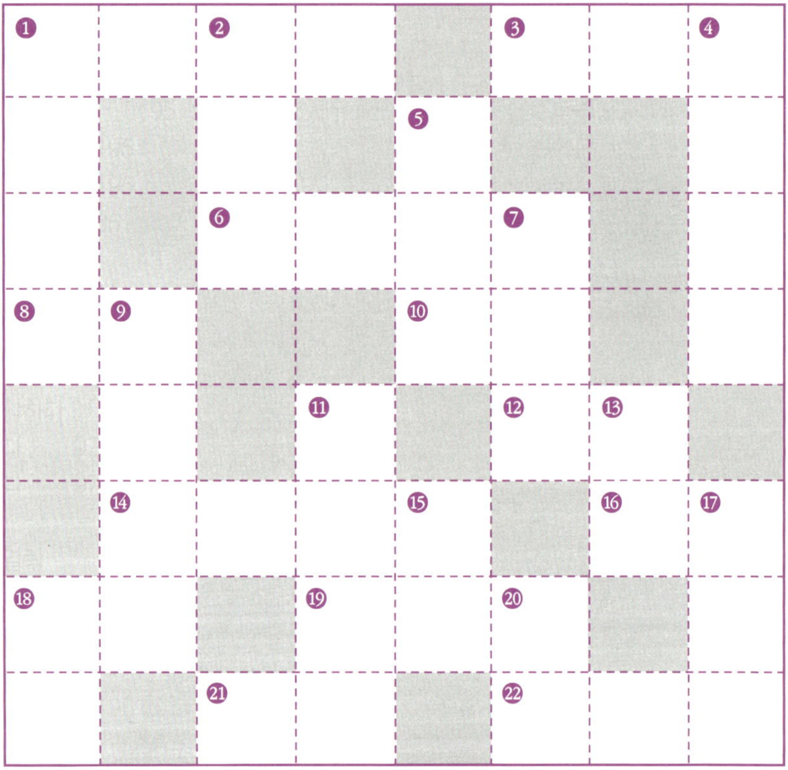

해답은 265 페이지에

가로열쇠

❶ 어떤 사물이 맞춘 것처럼 딱 들어맞는 것
- 옷이 딱 안○맞○이다
❸ 권투나 야구, 하키, 펜싱 따위를 할 때 손에 끼는, 가죽으로 만든 장갑
❻ 법치주의에 바탕을 둔 국가를 말함
❽ 일에 대한 감각이나 분별력 - 그는 옷입는 ○○가 있다
❿ 신라 때, 청소년들의 수양 단체로 그들의 계율이 세속 오계(世俗五戒)의 내용으로 전해지고 있다. 대표적인 인물로 김유신이 있음
⓬ 중요한 직책에 있는 사람 아래에 속하여 스케줄이나 사무를 맡아보는 사람
⓮ 나랏일을 근심하고 염려하는 사람 - 수많은 우○지○ 덕에 우리는 일본으로부터 해방됐다
⓰ 나무가 시퍼렇게 우거짐 - 나무가 ○○한 숲으로 우리는 소풍을 갔다
⓲ 도구, 가구, 전자 제품 따위의 한 벌
⓳ 주주에게 현금을 배당하는 대신에 무상으로 나누어주는 주식
㉑ 힘이 약한 사람 ↔ 강자
㉒ 민족마다 가지고 있는 고유한 기질

세로열쇠

❶ 덴마크의 동화 작가 · 소설가로 '미운오리새끼', '인어공주' 등 수많은 동화를 썼음
❷ 글자를 사용할 때에 바르게 적기 위해 정해놓은 규칙을 말함
❹ 기계 등의 운동을 정지시키거나 속력을 떨어뜨리는 장치 - 정지선에서는 ○○○○를 밟아야 한다
❺ 국화과에 속한 여러해살이풀로 9~10월에 노란색의 꽃이 핌
❼ 가늘게 내리는 비로 이슬비보다는 조금 굵은 비를 이르는 말
❾ 재능이 뛰어난 운동선수나 인재 따위를 찾아내어 뽑음 - 그는 뛰어난 야구 실력으로 대학 때 이미 프로단에 ○○○○ 되었다
⓫ 지배를 당하는 사람을 말한다 ↔ 지배자
⓭ 한국의 수도
⓯ 조상의 신주를 모셔 놓은 집
⓱ 새롭고 남다른 것을 생각해 내는 것을 말함 - 에디슨은 뛰어난 ○○○으로 많은 것들을 발명했다
⓲ 새해 첫날이나 설날 웃어른들께 드리는 인사를 이르는 말
⓴ 일정한 지역에 사는 사람 - ○○등록증

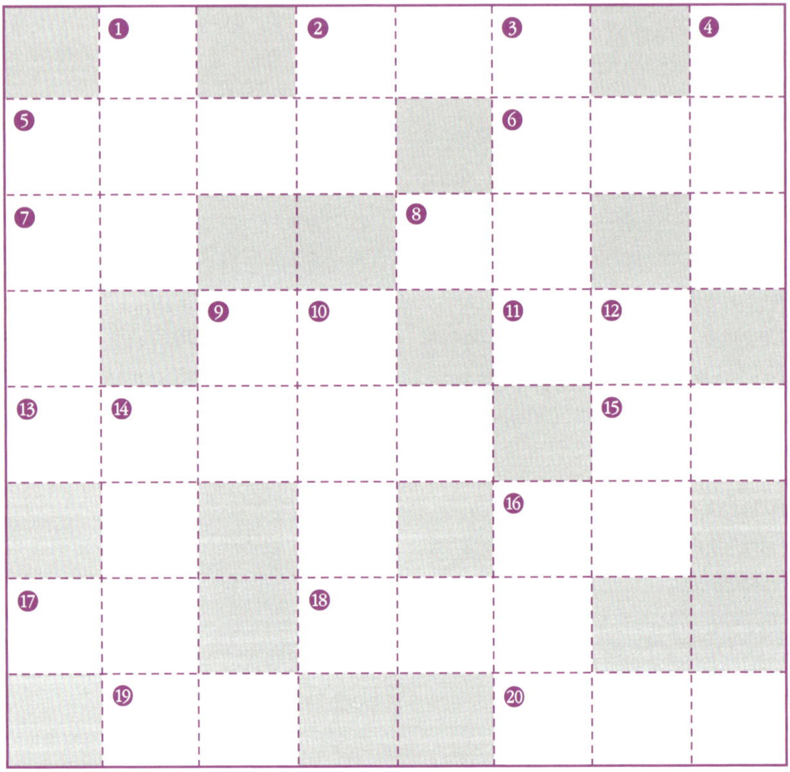

해답은 265 페이지에

가로열쇠

❷ 지구가 자전하면서 다른 행성과 마찬가지로 태양 주위를 공전한다는 우주관 ↔ 천동설

❺ 물 위에 지은 집

❻ 태종 무열왕의 맏아들로, 김유신 등과 힘을 합하여 676년 삼국 통일의 대업을 완수함

❼ 어떤 일이나 물건을 단체나 기관에 신고하여 청구하는 것

❽ 조선 제 7대왕으로 조카인 단종을 몰아내고 왕이 된 인물

❾ 주로 젊은 연인이나 부부 사이에서 스스럼 없이 상대방을 가리키는 말

⓫ 마음에 두고 애틋하게 생각하며 그리워함

⓭ 집안이 화목하면 모든 일이 다 잘 됨을 나타내는 말

⓯ 주인공을 보조하여 연기하는 사람 ↔ 주연

⓰ 사람의 성질과 됨됨이, 비슷한 말로 인품이 있음

⓱ 집의 둘레나 일정한 공간을 막기 위하여 흙, 돌 따위로 쌓아올린 것

⓲ 동물이나 사람을 산 채로 땅속에 묻는 것이나 아무런 잘못이 없는 사람에게 억지로 허물을 씌워 어떤 집단이나 사회에서 소외시키고 추방함을 비유적으로 이르는 말 - 그 연예인은 잘못된 소문으로 연예계에서 ○○○ 당했다

⓳ 산이나 땅속, 바다, 강 등의 밑을 뚫어서 만든 통로

⓴ 여행하며 보고, 듣고, 느낀 것을 수필, 일기, 편지 등의 형식을 빌려서 쓴 글 - 나는 유럽여행을 다녀와서 나만의 ○○○을 썼다

세로열쇠

❶ 기상, 지상, 수상에 대한 정보를 발표하고 이에 필요한 연구, 개발과 기상에 관한 국제적 협력을 수행하는 중앙 행정 기관

❷ 현실에서 악한 일을 한 사람이 죽어서 간다고 하는 세계 - 그 살인자는 죽어서 아마 ○○에 갈꺼야

❸ 특정 집단에 어떤 주제에 대한 의견을 묻고 그 통계를 내는 것을 말하며 자체적인 설문지를 통해 조사함

❹ 태양계에서 가장 나중에 발견되고 가장 먼저 퇴출된 행성

❺ 몸과 마음을 닦아 수양하고 집안을 돌본다는 뜻 - '○○○○치국평천하' 라는 말은 심신을 닦고 집안을 잘 다스린후에야 천하를 평정할 수 있다는 뜻

❾ 스스로 우쭐거리며 뽐내는 것 ↔ 겸손

❿ 거의 죽을 뻔하다가 도로 살아난 것을 나타낸 말 - 우리 집안은 부도가 났지만 ○○○○으로 다시 살아 났다

⓬ 어떤 물건을 그와 똑같이 모방하여 만든 물품 ↔ 진품

⓮ 섬진강 중류 화동군 화개면 탑리에 있던 장으로 가수 조영남이 이 제목으로 노래를 불러 유명함

⓰ 어린아이가 몸이 자라서 커지는 시기를 말함 - 우유는 ○○○ 어린이에게 매우 좋다

245

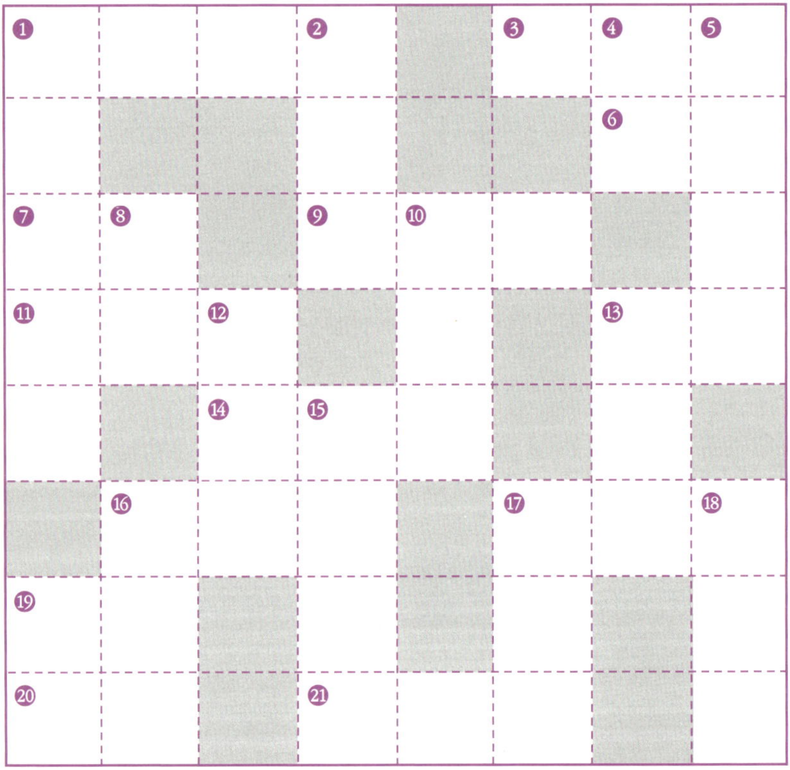

해답은 266 페이지에

가로열쇠

❶ 맑은 봄날 햇빛이 강하게 쬘 때, 지면 부근에서 공기가 마치 투명한 불꽃과 같이 아른거리며 위쪽으로 올라가는 것처럼 보이는 현상

❸ 대대로 그 땅에서 오래도록 살아온 사람을 말함

❻ 학교, 회사, 기관 따위에서 색채나 디자인을 일정하게 정한 복장

❼ 아이를 낳는 것을 돕고 임산부와 신생아의 보건과 양호 지도 등의 일을 하는 사람

❾ 사람의 힘으로 만들어 낸 것 ↔ 자연적

⓫ 원래의 몸에서 끝이 갈라져 나란히 벌어진 부분 - 뱁새가 황새 따라가려다 ○○○가 찢어진다

⓭ 사람에게 잡힌 물고기나 새, 짐승 따위를 산이나 물에 놓아서 살려 주는 일

⓮ 발로 밟은 곳에 남은 흔적 - 사냥꾼은 동물들의 ○○○을 보고 사냥감을 찾는다

⓰ 겉으로 드러내지 않고 마음속에 담고 있는 일의 사정과 까닭

⓱ 악보를 그릴 수 있도록 평행하게 다섯줄을 그어 놓은 종이

⓳ 어떤 목적을 위해 여러 사람이 자리를 함께 하는 일 - 송년○○

⓴ 자발적으로 자기의 범죄 사실을 신고하고 그 처분을 구하는 행동

㉑ 마을 공동체에서 힘든 일을 서로 거들어 주면서 서로 간에 품을 지고 갚고 하는 일

세로열쇠

❶ 황이 연소할 때 생기는 유독성 기체로 산성비의 원인이 되는 물질이며 자동차의 배기가스 중에도 들어 있어 환경 오염의 원인이 됨

❷ 다른 나라 사람을 이르는 말 - 외국에 나가면 나는 그곳에서는 ○○○이다

❹ 동물의 가죽을 벗기고 그 안에 솜이나 대팻밥 따위를 넣어 살아 있는 모양 그대로 만든 표본

❺ 아버지는 같으나 어머니가 다른 형제

❽ 맑게 갠 하늘이나 멀리 보이는 바닷물의 빛깔

⓾ 공화 정치를 하는 나라로 주권이 다수의 국민에게 있는 나라를 이름

⓬ 일정한 자격을 가지고 남의 머리털을 깎고 다듬는 일을 직업으로 하는 사람

⓭ 방사능 원소가 붕괴될 때 방출되는 고속도의 물질 입자선으로 병을 치료하는데 쓰이기도 함 - 그녀는 암 투병을 위해 항암치료와 ○○○ 치료를 하고 있다

⓯ 재배, 유통, 가공에서 화학적 처리를 하지 않은 자연적인 것으로만 만든 식품

⓰ 남을 속이는 것 - 그는 ○○○를 써서 그 게임에서 이겼다

⓱ 오빠와 여동생을 아울러 이르는 말 - 해와 달이 된 ○○○

⓲ 어떤 일의 방향이나 방법 따위를 인도해 주는 길잡이가 될 만한 글이나 책 - 이 책은 내 인생의 ○○○가 되었다

⓳ 어머니와 아들

재미로 풀어보는 낱말 퍼즐 ⑩

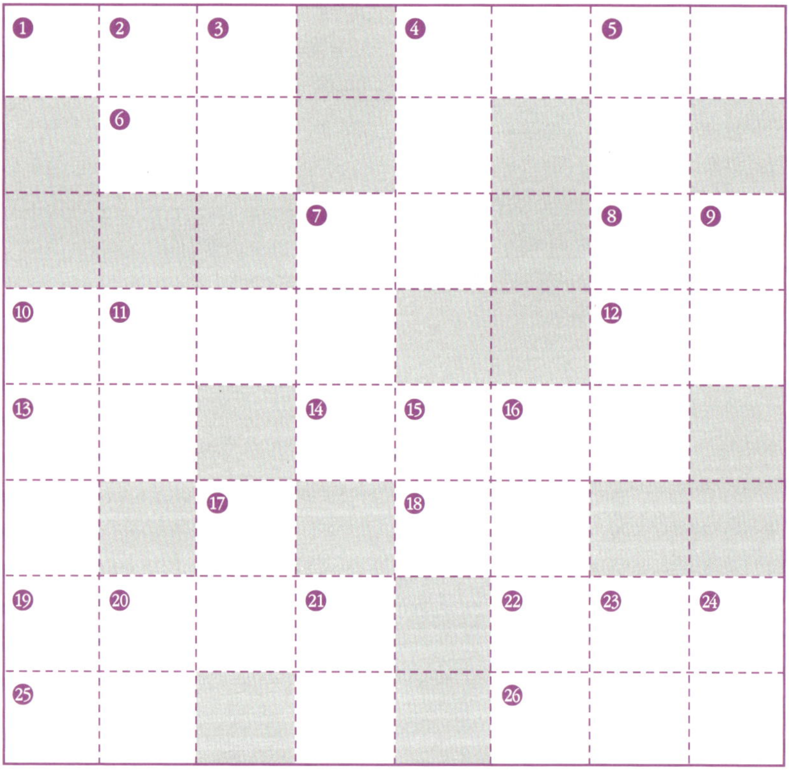

해답은 266 페이지에

가로열쇠

❶ 인색하고 얄미운 행동을 일삼는 사람을 이르는 말함 - 누나는 너무 깍○○다

❹ 늦여름에 동해 방면에서 태백산맥을 넘어 불어오는 북동 또는 동북동의 고온 건조한 바람

❻ 어떤 작용이나 움직임에 대하여 그 반대로 일어나는 작용이나 움직임

❼ 실이나 섬유로 짜서 맨발에 신도록 만든 것으로 두 개가 한 세트

❽ 규칙을 정해 놓고 승부를 겨루는 놀이 - 요즘은 컴퓨터 ○○이 사회적인 문제가 되고 있다

❿ 가정의 일상생활 속에서 어른이 자녀에게 주는 자연스러운 가르침이나 그 영향을 말함

⓬ 남에게 돈을 빌려 쓴 대가로 치르는 일정한 비율의 돈을 말함

⓭ 자기를 가르치고 이끌어 주는 사람을 말함

⓮ 신화나 전설 따위에 나오는 초인간적인 거대한 인물

⓲ 언어, 복장, 취미 따위의 생활 양식이나 행동 양식이 사회 구성원들에게 일시적으로 널리 퍼짐

⓳ 로켓에 의해 쏘아 올려져 지구의 주위를 공전하는 인공 천체

⓶ 한여름에 뙤약볕을 오래 쬐어서 일어나는 병으로 특히 노약자나 어린이들이 조심해야 함

⓯ 일 따위가 더디게 진행되거나 늦어지는 것을 말함

⓲ 다시 회복하기 어려울 정도의 큰 손해나 타격을 비유적으로 이르는 말

세로열쇠

❷ 둘레의 높이가 얕고 바닥이 둥글넓적하거나 네모난, 넓고 큰 그릇으로 과일이나 작은 그릇 등을 날를 때 쓰임

❸ 움직여서 옮겨지는 것을 말함 - 우리는 자리를 ○○해서 이야기를 더 나누었다

❹ 사람이나 사물 따위의 대상을 높여 이르는 말

❺ 길 위에 적을 방어하기 위해서 임시로 쌓은 방어 시설

❼ 아이를 양육하는 사람을 말함

❾ 어떤 것을 자기 것으로 가지고 있는 사람 - 이 물건의 ○○가 누구인지 아느냐?

❿ 가스를 연료로 사용하여 음식을 조리하는 기구

⓫ 조선 시대, 의정부의 수반인 영의정, 좌의정, 우의정을 통틀어 이르는 말

⓯ 어떤 일을 일어나게 하는 까닭이나 근거 - 그렇게 행동한 ○○를 말하여라!

⓰ 말과 그에 따른 행동이 같음 - 사람은 ○○○○를 해야 한다

⓱ 진실이 아닌 것을 진실인 것처럼 조작하는 일

⓴ 공개된 자리에서 연극이나 영화, 무용, 음악 따위를 상연함

㉑ 좋을일에 쓰이기를 바라며 내는 돈 - 연말에는 불우이웃을 돕기 위한 ○○을 많이 모은다

㉓ 맡겨진 임무를 말함 - 우리 봉사단의 ○○은 불쌍한 사람을 도와주는 것이다

㉔ 병든 사람이 누워 있는 침상 등의 자리

재미로 풀어보는 낱말 퍼즐 11

❶			❷		❸		❹
			❺	❻			
❼		❽				❾	
				❿	⓫		
⓬			⓭		⓮		
		⓯		⓰		⓱	⓲
⓳	⓴			㉑	㉒		
	㉓				㉔		

해답은 267 페이지에

250

가로열쇠

❶ 주변에 흐트러진 것이나 어수선한 것을 한데 모으거나 둘 자리에 가지런히 함

❸ 미리 녹화하지 않고 직접 촬영하는 것을 방송에 내보내는 프로그램 ↔ 녹화 방송

❺ 사회, 인생 등에 대한 사상이 풍부하여 여러 사람에게 영향을 주는 사람

❼ 병균이 다른 사람에게 옮는 성질 - 요번 감기는 OOO이 매우 강하다

❾ 굶어서 죽는 것

❿ 여기저기를 돌아다니면서 약을 팔러 다니는 사람

⓬ 조선 시대의 우리나라 전체를 여덟 도로 나누어 다스렸던 지방 행정구역을 말한다. 조선 O도

⓮ 옷을 완전히 벗은 상태의 몸

⓯ 광복 후 1948년 초대 대통령으로 취임한 사람

⓱ 여름에 여러 날을 계속해서 비가 내리는 시기

⓳ 자동차에 기름을 넣는 곳

㉑ 산소나 수소 등과 같이 성질을 바꾸지 않고는 더 이상 나눌 수 없는 물질

㉓ 수녀들이 일정한 규율 아래 공동생활을 하면서 수행을 하는 곳

㉔ 나라 안팎의 여러 뉴스를 신문사, 방송사 따위에 제공하는 기관

세로열쇠

❶ 고려 말기의 문인이나 학자로 조선 개국의 일등 공신으로 호는 상봉이다. 저서로는 조선경국전, 격제육전이 있다

❷ 돼지우리를 이르는 말.

❸ 어떤 사람이 태어난 집 - 그는 명절에는 어머님이 계시는 OO에 방문한다

❹ 묵은 한 해를 보내면서 하는 인사말이나 이야기

❻ 언제든지 쓸 수 있도록 늘 준비하여 두는 약

❽ 안데르센의 지은 동화로 크리스마스 이브날 성냥을 팔다 세상을 떠난 소녀의 이야기

❾ 싸움이나 아주 시끄러운 일로 아주 혼란스럽고 시끄러운 상태를 이루는 말 - 나의 방은 사촌동생에 의해 아O라O이 되었다

⓫ 속에 무엇을 넣어서 채우는 것으로 주로 총포에 탄약을 채우는 것을 말한다

⓬ 우주의 만물을 만든 신을 이르는 말 - 우리는 조OO에 의해 만들어졌다

⓭ 불도를 닦아 깨달음을 얻은 승려

⓰ 정한 인원이 다 찬 것을 말함 - 그 버스는 OO이라 탈 수가 없었다

⓲ 여러 가지 도구나 손기술로 신기하고 이상한 일을 보여주는 재주를 전문으로 하는 사람

⓴ 흐르는 물을 이르는 말 - 세월이 정말 OO와 같다

㉒ 서로 잘 통하는 것 - 그와 나는 OO이 잘 된다

재미로 풀어보는 낱말 퍼즐 12

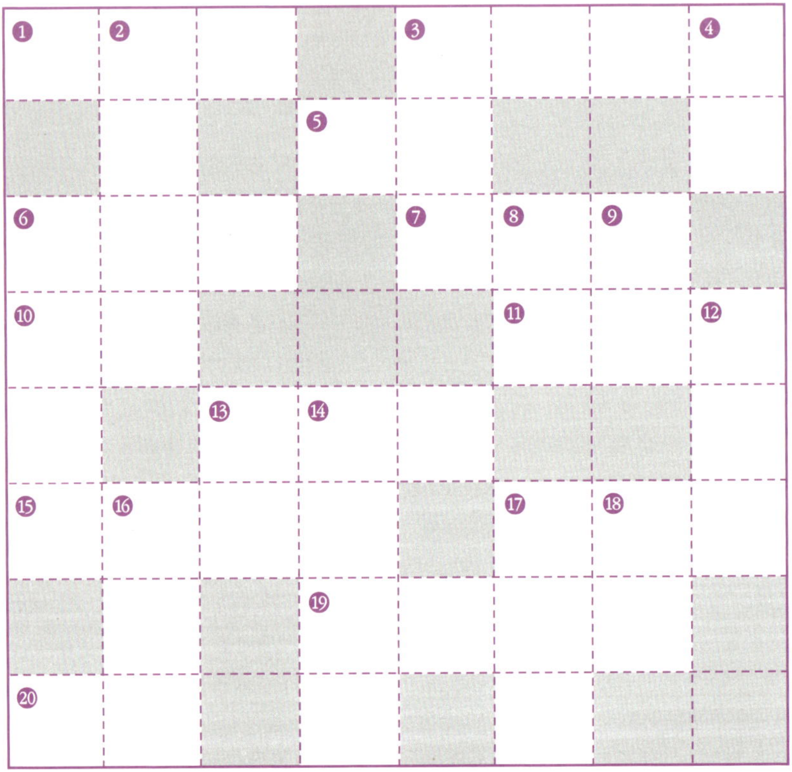

❶ ❷ ❸ ❹

❺

❻ ❼ ❽ ❾

❿ ⓫ ⓬

⓭ ⓮

⓯ ⓰ ⓱ ⓲

⓳

⓴

해답은 267 페이지에

252

가로열쇠

❶ 여러 사진의 일부분을 따서 새로운 형상으로 합성한 사진 - 범인을 잡기 위해 우리는 목격자의 증언을 바탕으로 ○○○를 만들어 배포했다
❸ 백두산에서 시작하여 금강산, 설악산, 태백산, 소백산을 거쳐 지리산으로 이어지는 큰 산줄기
❺ 나누어진 것을 하나로 합치는 것 - 우리의 소원은 ○○
❻ 나를 나아준 분
❼ 몽골 고원 지방에 사는 여러 부족으로 이루어진 사람들 - ○○족
❿ 어떤 대상을 믿지 못함 - 나는 그를 ○○한다
⓫ 프랑스의 작가 빅토르 위고의 장편 소설 〈레 미제라블〉의 비운의 주인공
⓭ 질병으로 인한 죽음을 이르는 말 - 그는 젊은 나이에 ○○사 했다
⓯ 고대 오리엔트 지역에서 널리 쓰이던 문자로 수메르 인이 만들었으며, 점토판 위에 갈대나 금속으로 새겨 썼기 때문에 문자의 선이 쐐기 모양으로 보인다 해서 쐐기 문자라고도 함
⓱ 분수에 맞지 않는 고가의 물품들
⓳ 좋은 일에는 흔히 시샘하는 듯이 안 좋은 일들이 많이 따른다는 뜻. ○사○마
⓴ 목적을 달성하기 위해 취하는 방식이나 수단을 말함

세로열쇠

❷ 자유롭게 미래, 과거를 왔다 갔다 해 줄 수 있는 공상의 기계
❸ 뜻은 낮에 꾸는 꿈으로 이루어질 수 없는 헛된 공상을 말하는 데 쓰임
❹ 인도의 정치 지도자로 비폭력으로 영국으로부터 인도를 독립시키는데 큰 공을 세움
❻ 이치에 맞지 않고 도무지 말이 안되는 것 - ○불○설
❽ 기계나 기구 따위가 제대로 작동하지 못하게 된 상태 - 집에 있는 텔레비전이 ○○이 나서 어제 드라마를 보지 못했다
❾ 돼지 발을 조리한 음식
⓬ 어떤 장소를 꾸미거나 몸을 치장하는 데에 소용되는 물품
⓭ 모르는 것을 남에게 물어보는 것
⓮ 조선시대 인조때 중국 청나라의 조선에 대한 침입으로 일어난 난리
⓰ 살인, 방화와 같이 반도덕적, 반사회적인 행위로 인정되는 범죄 ↔ 민사법
⓱ 높은 곳을 올라가기 위해 사용하는 도구
⓲ 여자가 입는 옷으로 가랑이가 벌어져 있음

재미로 풀어보는 낱말 퍼즐 13

1	2		3	■	4		5
■		■	5	■		■	
6		7	■	8		9	■
	■		■	■	■	10	11
12	13	■	14	■	15		
■		■	16			■	■
■	17	18		■	19	20	
21			■	22			■

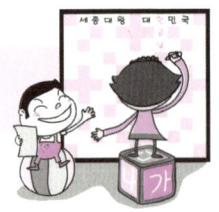

해답은 268 페이지에

가로열쇠

❶ 조선 시대, 임금의 특명을 받아 지방 정치의 잘잘못과 백성의 사정을 비밀리에 살펴서 부정 관리를 징계하던 임시 관리로 마패를 가지고 다녔음

❹ 그리스 로마 시대에 경기 우승자에게 월계수 잎으로 관을 만들어 씌어 주던 것으로 우승의 상징이 됨

❻ 총에서 총구멍이 있는 부분 - 그는 나에게 총OO를 겨누었다

❽ 국화과에 속한 한해살이 풀로 백 일 정도 핌

❿ 한쪽 끝에서 다른 쪽 끝까지의 거리
- 그 해안선의 OO는 세계에서 제일 길다

⓬ 잘난척하며 남을 무시하는 데가 있는 것
- 사장은 OO하게 나를 내려다 보았다

⓯ 움직이지 않는 재산으로 건물, 토지을 말함

⓰ 사람이나 물체를 숭배의 대상으로 만드는 것 - 북한은 김일성의 OOO 작업을 계속 하고 있다

⓱ 이름을 기재하지 않는 것 ↔ 기명

⓳ 머릿속의 뇌조직에 생기는 종양을 통틀어 이르는 말

㉑ 생강을 넣고 끓인 차로 감기 예방에 좋음

㉒ 동력을 일으키는 기계로 자동차, 기차, 선풍기 등 기계에 폭넓게 쓰임

세로열쇠

❷ 입법부, 사법부와 구분되어 나라의 일반 행정을 맡아보는 국가 기관

❸ 자식과 결혼한 상대방의 부모님을 이르는 말

❹ 요일 중 일요일 다음으로 한 주의 시작이 되는 요일

❺ 물체가 외부의 힘을 받지 않는 한 정지 또는 등속도 운동의 상태를 지속하려고 하는 성질

❻ 국회 의원 전체를 몰아서 한 차례에 선출하는 선거

❼ 조직이나 집단에서 활동을 주도하는 사람

❾ 허균의 소설에 나오는 인물로 아버지를 아버지라 부르지 못하고 형을 형이라 부르지 못하는 서자 출신으로 신출귀몰한 재주로 의적의 우두머리가 되었음

⓫ 조선 22대 왕인 정조의 이름

⓭ 아무 병 없이 오래오래 산다는 뜻으로 건강과 장수를 축원할 때 쓰는 말

⓮ 인생의 지침으로 삼는 말이나 문구 - 나의 OOO은 정직하게 사는 것이다

⓯ 아무런 주관이 없이 남의 의견을 맹목적으로 좇아 함께 어울린다는 고사성어

⓲ 선로(線路)를 통해 여객이나 화물을 실어나르는 차량으로 대표적인 교통수단

⓴ 사람이나 동물의 피부가 곪아 고름이 차는 질환

재미로 풀어보는 낱말 퍼즐 ⓮

❶		❷		❸		❹	
		❺					
				❻		❼	
❽	❾						
			❿		⓫		
⓬		⓭			⓮	⓯	
	⓰			⓱			
⓲				⓳			

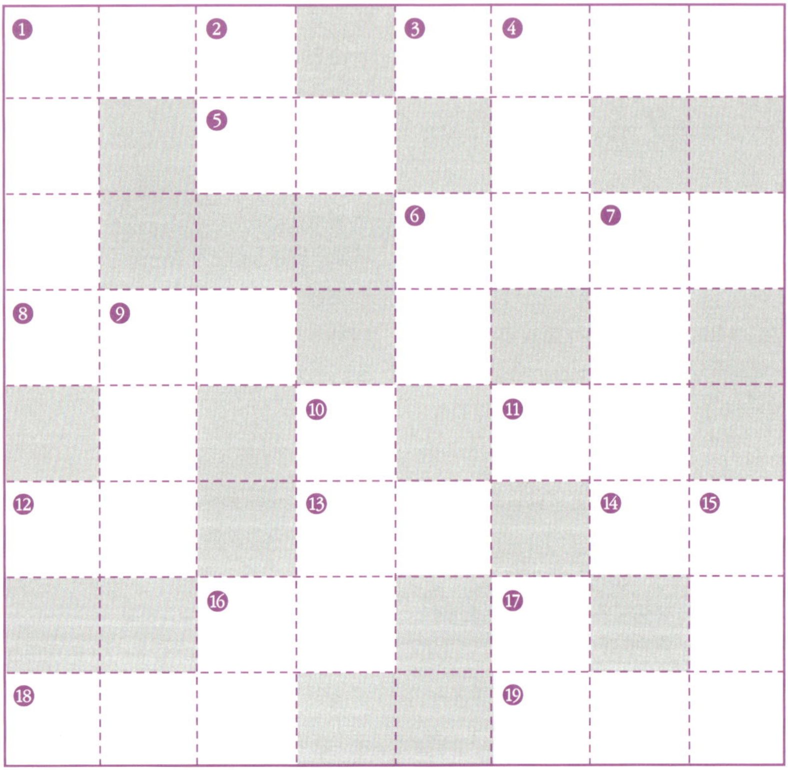

해답은 268 페이지에

가로열쇠

❶ 조선 숙종의 빈으로 인현왕후 폐출 후 왕비가 되었으나 인현왕후 복위 후 희빈으로 강등되었다. 조선시대 대표적인 악녀로 드라마 소재로 자주 쓰였음

❸ 관례, 혼례, 상례, 제례를 아울러 이르는 말로 우리나라는 매우 중요하게 여김

❺ 자기가 낳은 자식이나 한 핏줄을 가진 사람을 말함 - 그녀는 OO 한 점 없이 세상을 떠났다

❻ 동물이 아플 때 가는 병원

❽ 장사에서 손님을 접대하고 편의를 제공하는 것을 이름

⓫ 굳게 마음을 먹는 것 - 우리는 대학에 들어가기 까지 공부를 열심히 하자며 OO을 다졌다

⓬ 상대의 입에 자신의 입을 맞추는 것으로 사랑하는 사람끼리 주로 행해짐

⓭ 과즙에 시트르산과 비타민 C가 많이 들어 있어 신맛이 있으며 좋은 향기가 나는 과일

⓮ 음악이나 박자에 맞추어 역동적인 움직임으로 감정과 의지를 표현하는 행위 예술

⓰ 주로 환절기나 겨울에 코나 목구멍, 기관지 등의 호흡기 계통에 생기는 질병으로 재채기를 동반함

⓲ 귀의 일부인 중이에 생기는 염증으로 감기와 함께 동반되며 주로 어린아이들에게 많이 나타남

⓳ 일련의 암시에 의해 인위적으로 조작된 잠의 상태에 빠지게 하는 방법

세로열쇠

❶ 어른과 어린이 또는 윗사람과 아랫사람 사이에는 지켜야 할 차례와 질서가 있음을 뜻하는 말

❷ 혈액 속의 적혈구 또는 혈색소가 정상값보다 감소되어 나타나는 어지럼증

❹ 여러 가지 물질이 서로 섞여서 만들어진 것

❻ 한 학교에서 같이 공부하고 졸업한 사람들 - 고등학교 OO회

❼ 대한민국의 남자들이 국토방위를 위해 일정한 나이에 군대에 복무할 의무

❾ 로마 신화에 나오는 미와 사랑의 여신

❿ 쓸모없게 되어서 버려야 할 물건들

⓯ 군사를 훈련시키고 부리는 기술

⓰ 병균이나 병이 사람이나 동물의 몸안에 침입하여 증식하거나 퍼지는 것

⓱ 모임이나 행사 따위를 주최하여 여는 것 - 우리나라는 내년에 올림픽을 OO하기로 결정했다

❶				❷		❸			❹
				❺	❻				
❼	❽							❾	
❿					⓫	⓬			
			⓭			⓮			⓯
⓰		⓱			⓲				
⓳	⓴		㉑				㉒		
	㉓					㉔			

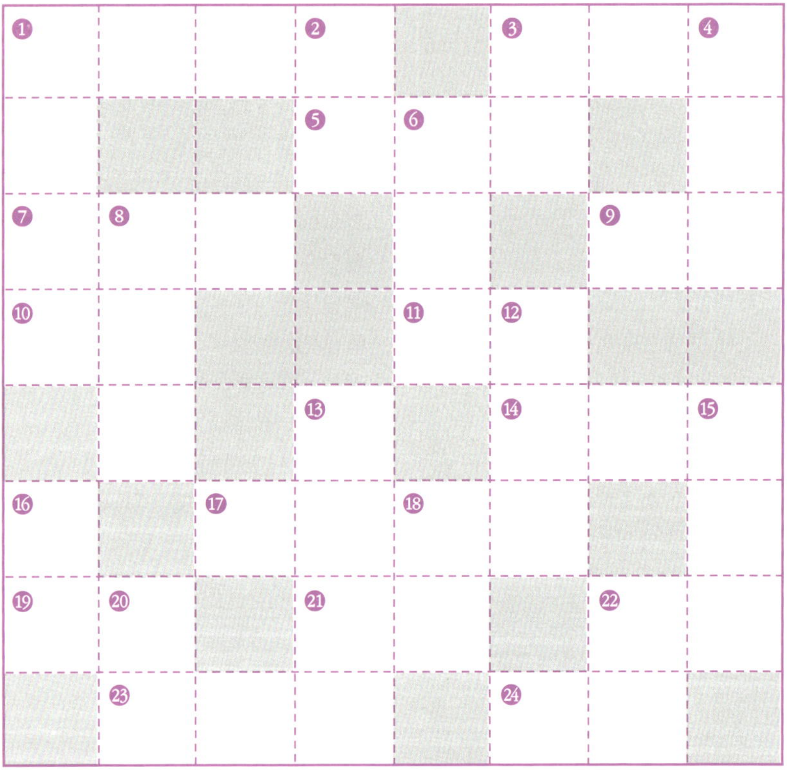

해답은 269 페이지에

가로열쇠

❶ 둘 이상의 사람이나 단체가 공동으로 이름을 내세우는 것

❸ 어떤 대상에 대하여 논하고 평가하는 것을 직업으로 하는 사람 - 그의 작품은 ○○○들로부터 신랄한 비판을 받았다

❺ 대표적인 고대 소설 중의 하나로 효녀 심청이 아버지를 위해 희생하는 내용

❼ 여러 신들의 존재를 인정하고 그 신을 믿고 받드는 종교의 한 형태 ↔ 일신교

❾ 집회나 회의를 위해 지은 건물

❿ 적이나, 주위의 동정을 살피기 위해 높이 세워 놓은 대

⓫ 지난 일을 돌이켜 생각하는 것

⓮ 억울하고 딱한 사정을 털어놓고 말하거나 간곡히 호소함

⓱ 두 가지 이상의 대상이 차이가 거의 없고 비슷한 것을 두고 이르는 말 - 그와 나는 성적이 대○소○ 하다

⓳ 우리 나라의 전통 음악

㉑ 종이나 천 따위로 물건을 싸서 꾸리는 것. - 선물 ○○

㉒ 군대 종류 중 하나로 항공기로써 공중 전투 및 폭격 등의 공격·방어를 임무로 하는 군대

㉓ 조선 최대 스캔들의 당사자로 사대부가의 여식이었으나 남편으로부터 소박을 맞은 후 뭇 남성들과 염문을 뿌리고 다녔음

㉔ 쇠고기를 얇게 저미어 말린 포

가로열쇠

❶ 공적인 일 및 사적인 일로 겨를이 없을 만큼 바쁨 - 그는 쓸데없이 공○다○하다

❷ 믿지 못하거나 확실히 알 수 없어서 의아하게 여김

❸ 내다보이는 미래의 상황 - 그 회사는 ○○이 좋은 회사

❹ 인간이 자기를 포함한 세계나 어떤 대상에 대해 부여하는 가치나 의의에 관한 견해나 입장

❻ 국회 위원회가 중요한 안건의 심사에 필요한 경우, 증인, 참고인, 감정인으로부터 증언 및 진술 청취와 증거 채택을 위하여 여는 공개적인 절차

❽ 새로 발견한 대륙을 말함

⓬ 중국 동부, 양쯔 강하구에 있는 중국 최대의 상공업 도시로 세계에서 가장 큰 항구 중 하나. 1919년 우리나라 임시정부가 들어선 곳이기도 함

⓭ 살이 꽤 통통하게 찌고 보드라운 모양을 나타내는 말 - 아이의 볼이 참 ○○○○하다

⓯ 조선 10대 왕으로 성종의 장자로 보위를 받았으나 무오사화, 갑자사화 등을 일으켜 많은 선비를 죽인 조선 최대의 폭군

⓰ 설날에 먹는 대표적인 음식

⓲ 물건을 자신의 소유물로 간직하여 둠

⓴ 파충류의 한 종류로 몸집이 크고 이빨이 날카로우며 가죽은 가방이나 밸트 등에 사용됨

㉒ 무섭고 두려운 것을 말함

재미로 풀어보는 낱말 퍼즐 16

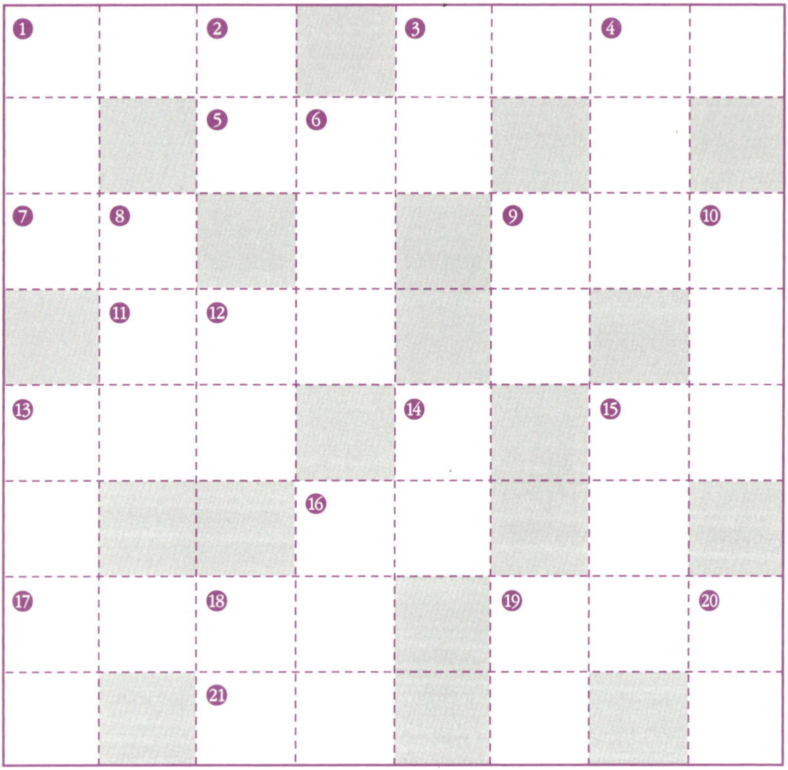

해답은 269 페이지에

가로열쇠

❶ 사찰에 딸린 화장실을 이르는 말로 근심이 사라진다는 뜻

❸ 절망 상태에 빠져 스스로 자신을 내버리고 돌보지 않음 - 그는 사업실패로 ○○○○ 했다

❺ 글을 읽고 이해하는 능력

❼ 지식수준이 낮거나 의식이 덜 깬 사람들을 깨우쳐 줌

❾ 돈을 지키는 노예라는 뜻으로, 돈을 모을 줄만 알고 쓸 줄을 모르는, 매우 인색한 사람을 얕잡아 이르는 말

⓫ 내다버린 물건

⓭ 환자를 돌보아 주는 사람

⓯ 라디오 등에서 목소리만으로 연기하는 배우를 이르는 말

⓰ 다른 나라로 이주해서 사는 것

⓱ 뇌의 손상으로 의식 없이 숨만 쉬면서 생명을 유지하고 있는 상태의 사람

⓳ 시험을 치르는 사람이 어떤 문제에 대한 자기의 지식이나 생각을 서술하게 하는 시험의 한 형식

㉑ 타고난 기품과 성질

세로열쇠

❶ 지구의 자전 방향에 따라 햇빛에 비친 물체의 그림자가 이동하는 것으로 시간을 알 수 있음

❷ 상처나 물체 따위에 묻어 있는 병원균을 약품이나 열, 햇빛 따위로 죽이는 것

❸ 자기 스스로의 힘

❹ 자신의 생애와 활동을 돌아보며 직접 적은 글

❻ 바다에서 나는 물고기, 조개, 미역 따위의 산물

❽ 수면 중에 발작적으로 일어나서 일상적인 행동을 하다가 다시 잠에 들곤 하는 병적 증세

❾ 적군을 지켜 막는 것을 말함

❿ 남이 알지 못하는, 자기만의 독특하고 효과적인 방법

⓬ 성격이나 말, 행동 따위가 보통 사람과 달리 유별난 사람

⓭ 간편한 설비만을 갖추고 값싸고 간단한 식사를 제공하는 식당

⓮ 마음속으로 괴로워하며 속을 태우는 것 - 나는 ○○이 있어서 어제 잠을 못 잤다

⓯ 조선 시대, 인재 양성을 위하여 한양에 설치한 최고의 유학 교육 기관

⓰ 두 사람 사이에서 서로를 헐뜯어 관계가 멀어지게 하는 짓

⓲ 어떤 대상에 쏠리는 많은 사람들의 관심이나 호감. 또는 그것을 받는 일

⓳ 옛날에 시골 길가에서 밥과 술 따위를 팔고 나그네에게 잠자리도 제공하는 집

⓴ 사물의 성질이나 종류 따위를 알아서 구별함

1 정답

2 정답

3 정답

	❶돌	부	리		❷가	❸운	
❹나	팔				❺동	반	구
❻사	이	❼시	❽청	률			
못		❾화	산			❿가	⓫수
	⓬병		유				목
❸배	❹우	자		⓯수	⓰산	자	원
⓱수	유				란		
진		⓲띄	어	쓰	기		

4 정답

❶신	데	렐	❷라		❸연	거	❹푸
용			❺면	❻섬	유		대
카		❼나		멸		❽밀	접
❾드	❿라	이	⓫버		⓬적	도	
	이		팀		대		
⓭꿀	벌		⓮목	⓯민	심	⓰서	
단		⓱입		담		⓲라	⓳인
⓴지	리	학	자			㉑벌	목

5 정답

함	흥	차	사		마	사	지
축		별	주	부		모	방
성	충			익	살		자
	신	신	당	부		발	치
		문			금	광	
스	무	고	개			생	애
타	인		척	추	동	물	
	도	화	지		요		

6 정답

알	래	스	카		천	문	대
부		톱	니			화	학
자	급		발	본	색	원	
	선			토	종		
분	무	기			이	민	족
비		성	수	기			제
물		세		호	랑	나	비
	상	대	편			태	

7 정답

안	성	맞	춤		글	러	브
데		춤		들			레
르		법	치	국	가		이
센	스			화	랑		크
	카		피		비	서	
	우	국	지	사		울	창
세	트		배	당	주		의
배		약	자		민	족	성

8 정답

	기		지	동	설		명
수	상	가	옥		문	무	왕
신	청			세	조		성
제		자	기		사	모	
가	화	만	사	성		조	연
	개		회		성	품	
담	장		생	매	장		
	터	널			기	행	문

9 정답

아①	지	랑	이②		토③	박④	이⑤
황		방				제⑥	복
산⑦	파⑧	인⑨	공⑩	적			동
가⑪	랑	이⑫		화		방⑬	생
스		발⑭	자⑮	국		사	
	속⑯	사	연		오⑰	선	지⑱
모⑲	임		식		누		침
자⑳	수		품㉑	앗	이		서

10 정답

깍①	쟁②	이③		높④	새	바⑤	람
	반⑥	동		임		리	
			양⑦	말		게⑧	임⑨
가⑩	정⑪	교	육			이⑫	자
스⑬	승		자⑭	이⑮	언⑯	트	
레		허⑰		유⑱	행		
인⑲	공⑳	위	성㉑		일㉒	사㉓	병㉔
지㉕	연		금		치㉖	명	상

11 정답

정①	리	정	돈②		생③	방	송④
도			사	상⑤	가⑥		년
전⑦	염	성⑧		비		아⑨	사
		낭		약⑩	장⑪	수	
조⑫	선	팔	도⑬		전⑭	라	
물		이⑮	승	만⑯		장⑰	마⑱
주⑲	유⑳	소		원㉑	소㉒		술
	수㉓	녀	원		통㉔	신	사

12 정답

몽①	타②	주		백③	두	대	간④
	임		통⑤	일			
어⑥	머	니		몽⑦	고⑧	족⑨	
불⑩	신				장⑪	발	장⑫
성		질⑬	병⑭	사			식
설⑮	형⑯	문	자		사⑰	치⑱	품
	사		호⑲	사	다	마	
방⑳	법		란		리		

13 정답

암	행	어	사	■	월	계	관
■	정	■	돈	■	요	■	성
총	부	리	■	백	일	홍	■
선	■	더	■	■	■	길	이
거	만	■	좌	■	부	동	산
■	수	■	우	상	화	■	■
■	무	기	명	■	뇌	종	양
생	강	차	■	발	동	기	■

14 정답

장	희	빈	■	관	혼	상	제
유	■	혈	육	■	합	■	■
유	■	■	■	동	물	병	원
서	비	스	■	창	■	역	■
■	너	■	쓰	■	결	의	■
키	스	■	레	몬	■	무	용
■	■	감	기	■	개	■	병
중	이	염	■	■	최	면	술

15 정답

공	동	명	의		비	평	가
사			심	청	전		치
다	신	교		문		회	관
망	대			회	상		
	륙		포		하	소	연
떡		대	동	소	이		산
국	악		포	장		공	군
	어	우	동		육	포	

16 정답

해	우	소		자	포	자	기
시		독	해	력		서	
계	몽		산		수	전	노
	유	기	물		비		하
간	병	인		고		성	우
이			이	민		균	
식	물	인	간		주	관	식
당		기	질		막		별

272